99 SUPERSCHLAUE DINGE, DIE DU UNBEDINGT WISSEN MUSST

Mathilda Masters

mit Illustrationen von Louize Perdieus

99 SUPERSCHLAUE DINGE

die du unbedingt wissen musst

Aus dem Niederländischen
von Stefanie Ochel

SUPER SCHLAU to go

Hanser

INHALT

1 GIRAFFEN KÖNNEN SICH DIE OHREN SAUBER LECKEN

- Große Tiere müssen viel fressen, ganz klar. Aber eigentlich sind der Schädel, der Kiefer und die Schneidezähne der Giraffe zu klein, um genug fressen zu können. Zum Glück hat sie aber große Lippen und vor allem eine riesige Zunge, die gemeinsam eine Art Verlängerung des Mundes bilden.

- Die Zunge einer Giraffe wird bis zu einem halben Meter lang. Damit kann sich Frau Langhals also mühelos Dreck aus den Ohren entfernen. Aber natürlich braucht sie ihre Zunge vor allem, um Blätter und Zweige von den Bäumen zu rupfen und zu fressen. Die Giraffenzunge ist hart und kräftig, damit sich das Tier nicht an den Dornen ihres Lieblingsbaums, der Akazie, verletzt.

- Beim nächsten Besuch im Zoo musst du unbedingt mal auf die besondere Farbe der Giraffenzunge achten. Sie ist blau, was sie vor Sonneneinstrahlung schützt. Giraffen lassen nämlich gern mal die Zunge heraushängen, und die blaue Farbe wirkt als eine Art natürliche Sonnencreme.

Bonuswissen Giraffen:

- Bei der Geburt ist eine Giraffe schon zwei Meter groß. Als Erwachsene kann sie dann gut fünf Meter erreichen.

- Der nächste Verwandte der Giraffe ist das Okapi. Zusammen bilden sie die Familie der *Giraffidae.*

- Mit ihren seitlich am Kopf sitzenden Augen können Giraffen sehr scharf und sehr weit sehen. Ihre langen Wimpern dienen nicht etwa dazu, um verführerisch damit zu klimpern, sondern um die Augen vor Staub und den Dornen der Bäume zu schützen. Wie Menschen können auch Giraffen mit den Augen blinzeln.

- Giraffen haben zwar ein ziemlich kleines, aber extrem starkes Herz, was auch nötig ist, um genug Blut durch ihren langen Hals ins Gehirn zu pumpen.

- Eine Giraffe hat genauso viele Halswirbel wie ein Mensch – aber natürlich sind die Wirbel viel länger als beim Menschen.

- Männliche Giraffen benutzen ihren langen Hals für eine Art »Halsringkampf«. Sie schlagen ihren Kopf und ihre Hälse so lange heftig gegeneinander, bis einer von ihnen nicht mehr gerade stehen kann. Der Gewinner eines solchen Kampfes hat bessere Chancen, eine Partnerin zu finden.

- Die erste Giraffe, die Europa erreichte, wurde von Julius Cäsar mitgebracht.

2 DER WOMBAT MACHT WÜRFELHÄUFCHEN

Mit ihren kurzen Beinen, dem runden Körper und dem Stummelschwanz sehen Wombats sehr niedlich aus. Sie sind Beuteltiere wie die Koalas und wohnen ebenfalls in Australien, aber niemand weiß genau, wer ihre Vorfahren waren.

Als echte Pflanzenfresser ernähren sie sich von Gras, Samen, Rinde und Wurzeln. Die Nahrung wird in viereckigen, etwa zwei Zentimeter großen Köteln wieder ausgeschieden. Diese Kotwürfel verteilen die Wombats auf Felsen oder Baumstümpfen, wo sie dank ihrer Form nicht herunterrollen.

Als Nachttiere können Wombats nämlich nicht besonders gut sehen. Durch das Ablegen ihrer Kotwürfel an wichtigen Stellen ihres Reviers lassen sie andere Wombats riechen, dass ein Platz schon vergeben ist. Außerdem erfahren die Weibchen auf diese Weise, dass sich ganz in der Nähe ein Männchen auf Partnersuche befindet.

3 DER WALHAI IST DER GRÖSSTE FISCH DER WELT

Moment, denkst du vielleicht: Wieso nicht der Blauwal? Ganz einfach: Obwohl wir manchmal »Walfisch« sagen, ist der Blauwal kein Fisch, sondern ein Säugetier.

Ein Walhai wird im Durchschnitt 9,7 Meter lang. Das größte je gemessene Exemplar war 12,7 Meter lang, allerdings wollen manche Fischer und Taucher schon gut 18 Meter lange Walhaie im Meer herumschwimmen gesehen haben.

Walhaie kommen in allen Weltmeeren vor. Wie viele es genau gibt, ist schwer zu schätzen, aber man geht davon aus, dass es noch einige Zehntausend sind.

Im Vergleich zu anderen Haien sind Walhaie mit ungefähr fünf Kilometern pro Stunde langsame Schwimmer. Das liegt an ihrer Schwimmtechnik: Anders als die meisten anderen Haie bewegen sie dabei nicht nur ihre Schwanzflosse, sondern ihren ganzen Körper.

Zwar können Walhaie bis zu einhundert Jahre alt werden, aber mit dem Kinderkriegen lassen sie sich oft bis zum dreißigsten Lebensjahr Zeit. Vermutlich ist das, zusammen mit ihrer Langsamkeit beim Jagen, der Grund, warum diese Haie vom Aussterben bedroht sind.

Obwohl der Walhai so riesig ist, stellt er keine große Gefahr dar. Er würde dich nicht angreifen, wenn du ihm nahe kommst, aber aufpassen musst du trotzdem, damit er dich nicht mit seiner enormen Schwanzflosse erwischt.

Beim Schwimmen hat er das Maul auf, damit Plankton, Krill (kleine Krebstiere), kleine Fische und Tintenfische hineinströmen. Wenn er das Maul wieder zumacht, wird das Wasser über seine Kiemen ausgefiltert. Es verlässt seinen Körper, aber die Nahrung bleibt drin. Er kann so pro Stunde Tausende Liter Wasser filtern.

Außer dem Orca hat der Walhai nur wenige natürliche Feinde. Nur der Mensch macht auf ihn Jagd, um sein Fleisch zu essen und aus seinen Flossen Suppe zu kochen. Außerdem enthält die Leber einen Stoff, der zum Bau von Schiffen nützlich sein kann, und auch die Haut der Walhaie lässt sich teuer verkaufen.

4 MANCHMAL TRIFFT MAN FISCHE IN BÄUMEN

Stell dir vor: Du sitzt gerade auf einem Ast deines Lieblingsbaums, und da taucht plötzlich ein Fisch neben dir auf. Das ist wahrscheinlich ein **Kletterfisch**, manchmal auch **Labyrinthfisch** genannt.

- Kletterfische haben sich an das Leben in sauerstoffarmen Gewässern angepasst. Zu diesem Zweck entwickelten sie ein besonderes Organ: das Labyrinthorgan. Das sitzt auf ihrem Kopf, zwischen den Augen. Die Fische kommen an die Oberfläche, um Luft zu schlucken, die sie dann in das Labyrinthorgan pressen. So können sie den Sauerstoff aus der Luft nutzen. Mit der Luft, die sie in ihrem besonderen Organ gespeichert haben, bauen Kletterfische eine Art Schaumnest. Darin legen sie ihre Eier ab.

Kletterfisch

- Aber können Kletterfische wirklich auf Bäume klettern? Zumindest hatten frühe Forscher behauptet, in Baumkronen lebende Kletterfische gesehen zu haben. Sie gingen davon aus, dass die Fische es selbst dorthin geschafft hatten.

- Im Jahr 1927 entdeckte aber ein schlauer Forscher, dass die Fische nicht aus eigener Kraft auf die Bäume gelangt waren: Weil sie oft so nah an der Oberfläche schwimmen, werden sie regelmäßig von Vögeln aus dem Wasser gefischt.
  Die legen die Kletterfische in Bäumen ab, um sie später zu fressen. Manchmal vergessen sie ihre Beute auch, und weil die Fische so lang ohne Wasser auskommen können, schien es den ersten Beobachtern, als wären sie selbstständig auf den Baum geklettert.

- Kletterfische können aber durchaus über Land von einem Tümpel zum nächsten wandern. Meistens in Form einer Gruppenreise, bei der sich eine große Schar von Kletterfischen gemeinsam auf die Wassersuche begibt.

5 ELCHE SPÜREN, WENN EINE FLIEGE AUF IHREM GEWEIH LANDET

Elche sind die größten Hirsche der Welt. Sie sind in Nordeuropa, in den Vereinigten Staaten und in Sibirien zu Hause. Noch Anfang des 20. Jahrhunderts kamen Elche auch in Deutschland vor.

Die Männchen (oder auch Bullen) verfügen über ein sehr großes und breites Geweih mit kurzen Enden. Das nennt man Schaufelgeweih. Manchmal sieht man auch Elche mit einem eher verzweigten Geweih, dem sogenannten Stangengeweih. Das Geweih eines Elchs kann bis zu zwei Meter breit werden.

gemeine Waldkiefer

Jedes Jahr zwischen Dezember und März werfen die Bullen ihr Geweih ab, und im April wächst es dann wieder nach. Das Geweih eines Elchs ist unglaublich empfindlich. So sehr, dass er sogar merkt, wenn eine Fliege darauf landet.

Neben dem Geweih fallen auch die extrem langen Beine des Elchs auf. Die braucht er, um durch tiefen Schnee rennen zu können.

Elche können zwar fantastisch riechen und hören, allerdings könnten sie eine Brille gebrauchen, denn Sehen ist nicht ihre Stärke.

Elche fressen am liebsten Sprossen und Zweige der gemeinen Kiefer, die Rinde von Weide und Pappel, außerdem Kräuter, Blätter und Wasserpflanzen. Im Herbst pickt der Elch auch schon mal ein Getreidekorn.

Weil Elche gerne schwimmen, fühlen sie sich in der Nähe von Seen oder Flüssen am wohlsten. Nur im Winter suchen sie sich ein trockeneres Gebiet zum Wohnen. Während sie im Sommer meist alleine umherziehen, verbringen sie den Winter lieber mit einer kleinen Herde.

In der Paarungszeit begleiten die Männchen die Weibchen ein paar Tage lang, um sie anschließend wieder in Ruhe zu lassen. Ein Elchkalb bleibt so lange bei der Mutter, bis das nächste Kalb beinahe geboren ist. Kurz vor der Geburt aber jagt Mutter Elch ihr Junges dann davon, und es muss lernen, auf eigenen Beinen zu stehen.

6 PANDAS PINKELN IM HANDSTAND

Pandas kämpfen überhaupt nicht gern. Widersachern gehen sie wenn möglich aus dem Weg und zeigen nur durch Duftmarken an, dass ein bestimmter Platz schon besetzt ist.

Eine Duftspur kommt auch bei der Kommunikation zum Einsatz. Pandas reiben ihren Kopf oder ihren ganzen Körper an Bäumen und teilen so anderen Pandas mit, ob sie ein Männchen oder ein Weibchen und wie alt sie sind. Als einzige Bärenart verfügt der Panda über eine Duftdrüse, die einen Stoff absondert, dessen Geruch über drei Monate haften bleibt. Außerdem platzieren sie an bestimmten Stellen gezielt ihre Haufen, um andere Pandas zu warnen, dass dies ihr Revier ist.

Männliche Pandas haben eine sehr lustige Angewohnheit. Sie stellen sich auf die Vorderfüße und stützen sich mit den Hinterbeinen an einem Baum ab. Dann versuchen sie, so weit oben wie möglich gegen den Baum zu pinkeln. Ein Weibchen auf Partnersuche, das zufällig vorbeikommt, entscheidet sich dann für das Männchen, das am höchsten gepinkelt hat. Als Gewinner darf er sich mit dem Weibchen paaren, ohne dass er gegen andere Pandas kämpfen muss.

Das alles muss allerdings ziemlich schnell vonstattengehen, da die Weibchen nur zwei bis drei Tage im Jahr fruchtbar sind. Die Chancen auf ein Pandababy stehen also ziemlich schlecht, weshalb der Panda auch schon seit Jahren zu den bedrohten Tierarten gehört. In China leben nur noch weniger als 2000 in freier Wildbahn.

Bonuswissen Pandas:

Ein Pandababy ist winzig klein: ungefähr so groß wie eine Packung Butter. Bei der Geburt wiegt es nur 100 bis 160 Gramm und wird von der Mutter in der Tatze gehalten. Erst nach neun bis zehn Monaten kann ein Panda ein bisschen für sich selbst sorgen.

Pandas verbringen ungefähr zwölf Stunden am Tag mit Fressen. In der Zeit verputzen sie bis zu vierzig Kilo Bambus.

Pandas haben sechs Finger. Den sechsten brauchen sie, um Bambusstäbe festzuhalten. Der Finger sitzt ungefähr an der Stelle, wo du deinen Daumen hast.

7 DIE AUGEN DES KOLOSS-KALMARS SIND ... TJA, KOLOSSAL!

Weißt du noch, wie Rotkäppchen den Wolf fragte: »Warum hast du so große Augen?«? Und wie der Wolf antwortete: »Damit ich dich besser sehen kann«? Und es stimmt: Mit großen Augen kann man tatsächlich besser sehen.

- **Koboldmakis** sind kleine Äffchen aus der Ordnung der Primaten, zu der auch die Menschenaffen gehören. Sie wohnen in Bäumen und sind nachtaktiv und haben deshalb im Verhältnis zu ihrem Körper enorm große Augen. Die erlauben ihnen, im Dunkeln die köstlichsten Fliegen und saftigsten Würmer zu erwischen. Jedes ihrer Augen ist so groß wie ihr Gehirn.

- Beim Menschen ist das anders: Ein Menschenauge ist viel kleiner als das menschliche Gehirn.

- Das Tier mit den allergrößten Augen der Welt ist der **Koloss-Kalmar**.

- Seine Augen haben einen Durchmesser von stolzen 27 Zentimetern und sind damit über elfmal so groß wie das menschliche Auge. Man könnte sie mit einem Wasserball vergleichen. Der Tintenfisch braucht diese enormen Augen, um in der Tiefsee im Halbdunkel seine Umgebung zu erkennen.

- Natürlich sind nicht nur die Augen bei diesem Tintenfisch riesig. Man schätzt, dass der Koloss-Kalmar zwölf bis vierzehn Meter groß werden kann. Das macht ihn zum größten wirbellosen Tier der Welt.

- Trotz seiner Größe ist der Koloss-Kalmar kein guter Jäger. Er frisst nur wenig und hat deshalb nicht genug Energie zum Jagen. Die großen Augen braucht er vor allem, um sich rechtzeitig vor Feinden in Sicherheit zu bringen. Besonders Haie und Pottwale haben ab und zu Appetit auf einen Tintenfisch.

1. ≠ 2.

8 KEINE ZWEI ZEBRAS SIND GLEICH

- Mit ihren schwarzen und weißen Streifen sehen Zebras immer todschick aus. Aber wusstest du, dass jedes Zebra ein komplett einzigartiges Streifenmuster hat? Keine zwei Zebras auf der Welt sehen genau gleich aus.

- Warum Zebras Streifen haben, wissen wir nicht genau. Zur Tarnung kann es nicht sein, denn das Gras in der Steppe ist ja nicht schwarz oder weiß. Viele Fachleute glauben, dass das Muster vielleicht zur Verwirrung von Löwen dienen könnte, und die sind schließlich der größte Feind des Zebras. Löwen sind nämlich farbenblind, wodurch die Streifen vor ihren Augen tanzen und sie durcheinanderbringen. Andere Fachleute glauben, dass die Streifen Stechfliegen abschrecken oder dass Zebras die Streifen nutzen, um einander zu erkennen.

- Früher ging man davon aus, dass Zebras eigentlich weiß sind und schwarze Streifen haben. Untersuchungen haben aber das Gegenteil bewiesen: Das Zebra ist ein schwarzes Tier mit weißen Streifen.

- Lustigerweise können Zebras Farben gut erkennen, obwohl sie selbst schwarz-weiß sind. Ihre Augen funktionieren sogar nachts noch ziemlich gut. Außerdem haben sie ein ausgezeichnetes Gehör und können ihre Ohren in alle Richtungen drehen, sodass sie alle möglichen Geräusche empfangen können. Riechen und schmecken können sie allerdings weniger gut.

- Eine Gruppe von Zebras nennt man einen »Harem«. Der besteht aus einem Männchen mit ein paar Weibchen und Jungtieren. Die Männchen, die noch keine Partnerin gefunden haben, leben als Junggesellen zusammen.

- Zebras schlafen nur, wenn andere Zebras in der Nähe sind, die sie bei Gefahr warnen können. Zum Schlafen legen sie sich nicht hin, sondern bleiben einfach stehen, damit sie schnell fliehen können.

- Es ist unmöglich, Zebras zu zähmen, weil sie bei der geringsten Unruhe in Panik geraten und wegrennen.

9 PINGUINE KÖNNEN IN DIE KNIE GEHEN

Wenn man sie so am Strand entlangwackeln sieht, könnte man sich über die Pinguine totlachen. Der komische Gang kommt daher, dass sie aufrecht stehen und sich auf ihren ganzen Fuß stützen. Andere Laufvögel gebrauchen nur ihre Zehen, wodurch ihr Gang eleganter wirkt.

Im Wasser verwandelt sich der stromlinienförmige Körper des Pinguins in eine wahre Rakete. Pfeilschnell schießt er im Kreis herum, um Fische und Krill (kleine Krebstiere) zu fangen und um dem tödlichen Biss der Orcas, Seelöwen und anderer Raubtiere zu entkommen.

Schwer zu glauben, aber Pinguine haben funktionierende Knie. Wenn du das Skelett eines Pinguins einmal genauer betrachtest, wirst du über seine langen Beine und die beweglichen Knie überrascht sein. Die sitzen normalerweise versteckt unter seinem dicken Federkleid, das er braucht, um sich gegen die Kälte zu schützen.

Noch mehr Pinguinwissen:

Der Magen eines Pinguins sitzt ganz weit unten im Körper, zwischen seinen Knien. Deshalb verfügen Pinguine über eine extralange Speiseröhre, die die Nahrung zum Magen führt.

Weil Pinguine keine Zähne haben, rutscht der Fisch unzerkaut direkt in den Magen, wo er dann verdaut wird. Manchmal schluckt der Pinguin Steinchen, um die Verdauung anzukurbeln.

Pinguine und Eisbären sind keine Feinde. Das liegt daran, dass Pinguine am Südpol leben und Eisbären am Nordpol – sie laufen sich also nie über den Weg.

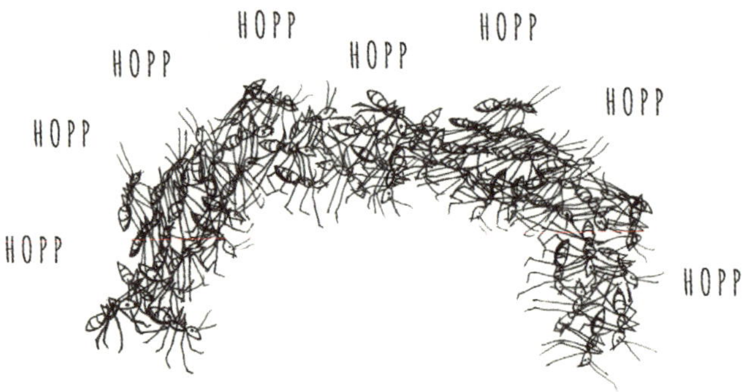

10 AMEISEN SIND WAHRE BRÜCKENBAUER

Die Wanderameisen aus Zentral- und Südamerika können Brücken bauen.

- Die ganze Kolonie wandert gemeinsam durch den Regenwald. Ab und zu gelangen sie an einen Erdspalt oder einen Graben, den sie nicht einfach so überwinden können. Dann nehmen die Arbeiterinnen die Sache in die Hand. Sie hängen sich aneinander und bilden eine Brücke, über die die anderen Ameisen laufen können. Das Ganze geht rasend schnell.

- Je mehr Ameisen darüber spazieren, desto breiter wird die Brücke. Wenn man sie mit einer Autobahn vergleicht, würde sie während der Stoßzeiten breiter, und dann wieder schmaler, wenn nicht mehr so viel los ist. Die Arbeiterinnen können die Brücke sogar verschieben, um eine kürzere Strecke zu wählen.

Extra-Ameiseninfos:

- Fliegende Ameisen sind geschlechtsreife Männchen oder eine junge Königin.

- Die Arbeiterinnen der Ameisen sind immer weiblich, können aber keine Eier legen. Die Männchen sind nur da, um die Königin zu befruchten.

- Wenn eine Ameise etwas Leckeres zu fressen gefunden hat, hinterlässt sie eine Duftspur bis zum Ameisennest. So kann sie (zusammen mit all ihren Freundinnen) jederzeit den Weg zurück zum Fressen finden.

- Ameisen sind unglaublich stark. Sie können das Fünfzigfache ihres eigenen Körpergewichts tragen. Bei einem Körpergewicht von etwa vierzig Kilo könntest du also als Ameise eine Last von 2000 Kilo stemmen.

- Das älteste Ameisenfossil, das je gefunden wurde, ist ca. 92 Millionen Jahre alt.

- Ameisen verfügen über einen Magen, mit dem sie sich selbst versorgen, und einen »sozialen Magen«, um andere Ameisen zu ernähren.

11 PRO TAG SCHWITZT EIN MENSCH BIS ZU ACHT LITERFLASCHEN VOLL

Über 24 Stunden produziert dein Körper zwischen 0,1 und 8 Liter Schweiß. Natürlich hängt die Schweißproduktion davon ab, was du machst und wie warm es draußen ist. Wenn du Sport treibst oder rennst, schwitzt du mehr, als wenn du vor dem Fernseher liegst. Bei hohen Temperaturen musst du selbst gar nichts tun, um zu schwitzen.

Das ist gut durchdacht von deinem Körper, denn durch das Schwitzen bleibt deine Körpertemperatur stabil. Die verdampfende Feuchtigkeit kühlt deinen Körper auf natürliche Weise ab.

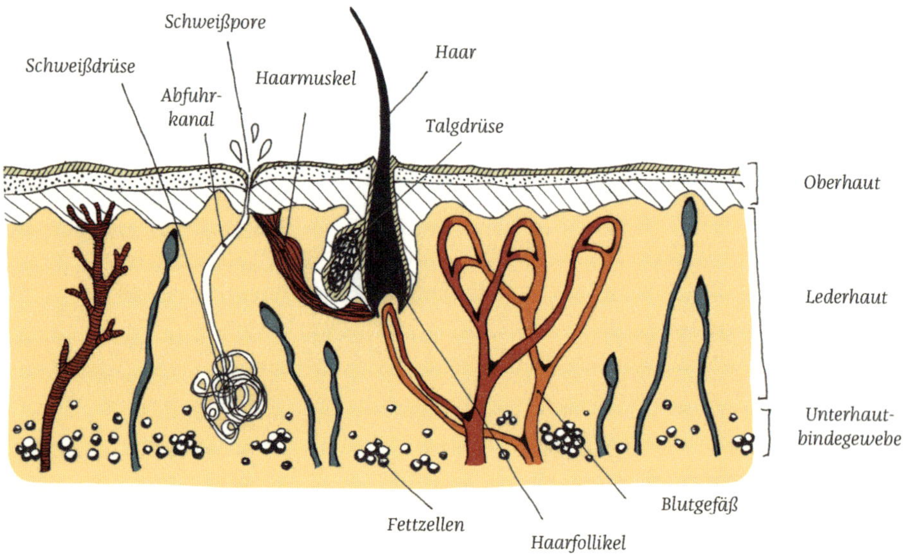

Die Haut

Schweißdrüsen befinden sich zwar überall am Körper, aber die meisten sitzen in den Handflächen, an den Fußsohlen und unter den Achseln. An diesen Stellen verliert man also die meiste Flüssigkeit.

Schwitzige Stellen

Achselschweiß 

Schweißhände 

Käsefüße 

Hast du schon mal an deinem Arm geleckt, wenn es so richtig heiß war? Dann hast du gemerkt, dass dein Schweiß nicht nur Wasser, sondern auch Salz enthält. Aber wusstest du, dass er auch desinfizierende Substanzen enthält? Dazu gehört der chemische Stoff 4-Methylphenol. Das ist allerdings leider auch der Duftstoff, der weibliche Mücken anlockt.

Schweiß von Kindern riecht so gut wie gar nicht. Das liegt daran, dass bei Kindern nur die *ekkrinen* Schweißdrüsen arbeiten, die dafür sorgen, dass der Körper sich nicht überhitzt. Im Laufe der Pubertät beginnen auch die *apokrinen* Schweißdrüsen zu arbeiten, die einen ölartigen Schweiß absondern. Sobald er in Kontakt mit der Haut kommt, fängt es an zu riechen. Dieser Schweiß wird den ganzen Tag in kleinen Mengen produziert und nicht erst dann, wenn es dir zu warm wird.

Niemand riecht gern nach Schweiß, weshalb viele Menschen ein Deo benutzen, um den Geruch zu bekämpfen. Aber das klappt natürlich nur für eine begrenzte Zeit. Deshalb ist es wichtig, dass man sich selbst und seine Kleidung regelmäßig wäscht.

Kleine Bonusinfo:

Hunde haben so gut wie keine Schweißdrüsen. Sie geben Körperwärme ab, indem sie ihre Zunge aus dem Maul hängen lassen und hecheln. Nur an den Ballen ihrer Pfoten können Hunde wie Menschen schwitzen.

12 VORSICHT: LACHEN MACHT SÜCHTIG!

Wo fühlst du dich am wohlsten – bei einem Menschen, der viel lacht, oder bei einem, der immer mürrisch guckt? Wahrscheinlich findest du ein lachendes Gesicht netter. Es kann auch passieren, dass du selbst lachen musst, wenn du jemanden lachen siehst.

- Durch das Anspannen der Lachmuskeln erklingt nämlich ein kleines Glöckchen in unserem Gehirn. Das Gehirn freut sich, dass gelacht wird, und sendet als Extrabelohnung Stoffe aus, die uns noch fröhlicher machen und die sogar dafür sorgen können, dass wir Schmerzen weniger spüren. Diese Stoffe heißen Endorphine und sind auch als »Glückshormone« bekannt. Sogar ein falsches Lachen regt die Endorphinproduktion an.

- Dein Gehirn liebt es, wenn Endorphine ausgeschüttet werden, und versucht, so viele Endorphinschübe wie möglich zu bekommen – vielleicht ist es selbst ein bisschen lachsüchtig.

- Lachen ist also wirklich eine Medizin. Wer oft lacht, wird weniger leicht krank und kann besser mit Problemen umgehen. Lass dich am besten schnell von jemandem kitzeln, und lach dich gesund!

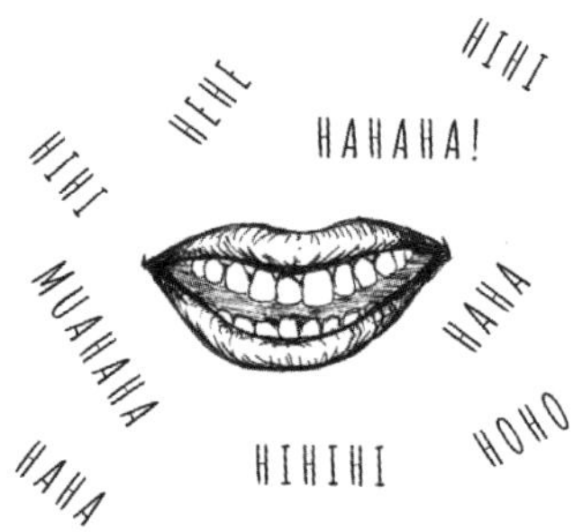

13 MENSCHENOHREN WACHSEN IMMER WEITER

Nein, keine Angst. Du wirst im Alter nicht mit Elefantenohren rumlaufen. Aber es stimmt trotzdem, dass menschliche Ohrmuscheln mit der Zeit größer werden.

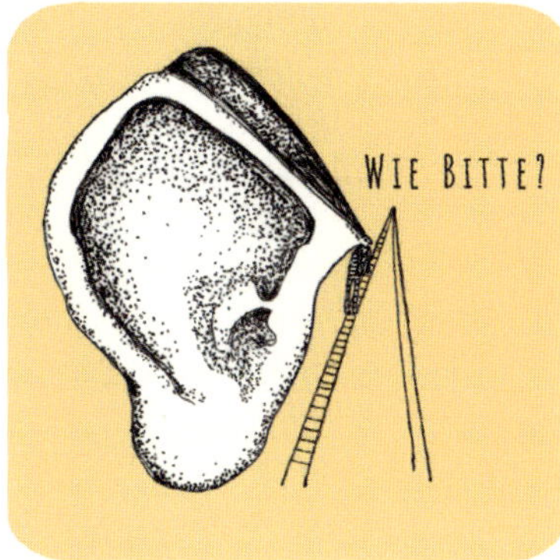

- Zwischen deinem dreißigsten und siebzigsten Lebensjahr können die Ohrmuscheln zwischen acht und zehn Millimeter länger werden. Vor allem bei Männern über 65 werden die Ohrmuscheln größer. Wahrscheinlich liegt das daran, dass die Ohrmuschel immer mehr ausleiert.
- Das Ohr wird aber auch breiter und verändert seine Lage am Kopf. Weil die Haut hinter den Ohren dünner wird, liegen die Ohrmuscheln enger am Kopf an.

Irgendwie hatte Rotkäppchen also doch recht, als sie fragte: »Großmutter, was hast du für große Ohren?«

14 MORGENS BIST DU GRÖSSER ALS ABENDS

Unglaublich, aber wahr: Wenn du morgens aus dem Bett kommst, bist du oft bis zu einem Zentimeter größer als am Abend. Dafür gibt es eine gute Erklärung:

- Dein Rücken besteht aus Wirbeln: sieben Halswirbel, zwölf Brustwirbel und fünf Lendenwirbel. Ganz unten dran sitzen das Kreuzbein und das Steißbein. Zwischen den Wirbeln sitzen kleine gefüllte Kissen, die Bandscheiben.

- Die Bandscheiben beschützen die Wirbel und funktionieren als eine Art Stoßdämpfer. Sie verhindern, dass die Knochen aneinanderreiben.

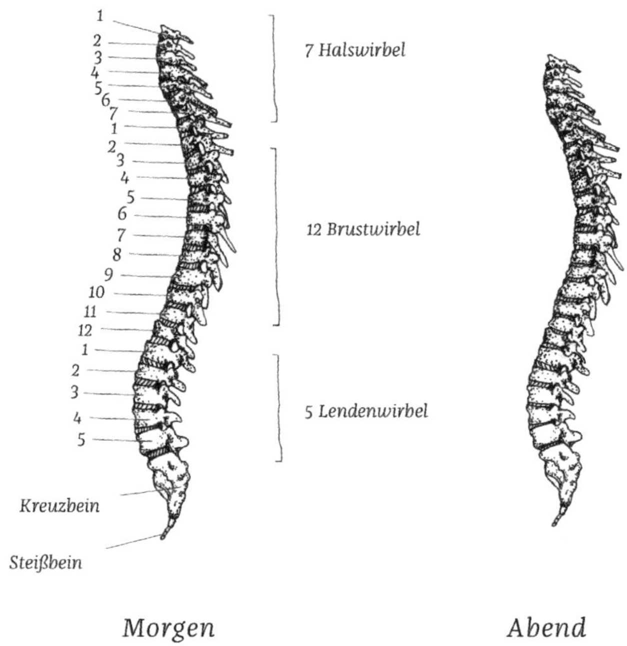

- Morgens sind die Bandscheiben prall mit Wasser gefüllt und schön dick. Aber sobald du aufstehst, fängt die Schwerkraft an, ihr Werk zu verrichten. Durch das Gewicht werden die Bandscheiben zusammengedrückt und ein Teil der Flüssigkeit tritt aus. Dadurch werden sie platter – und du kleiner. Im Verlauf des Tages können die Bandscheiben bis zu einem Zehntel ihres Inhalts verlieren.

- Wenn man nachts im Schlaf liegt, können die Bandscheiben sich wieder auffüllen. So repariert sich dein Körper nachts selbst, und du kannst morgens wieder loslegen.

Bonusinfo Wirbelsäule:

Jetzt weißt du auch, warum Menschen beim Älterwerden schrumpfen: Die Kissen zwischen den Wirbeln trocknen mit der Zeit aus und können sich nicht mehr so leicht wiederherstellen. Darum kann ein Mensch im Alter vier bis sechs Zentimeter kleiner werden.

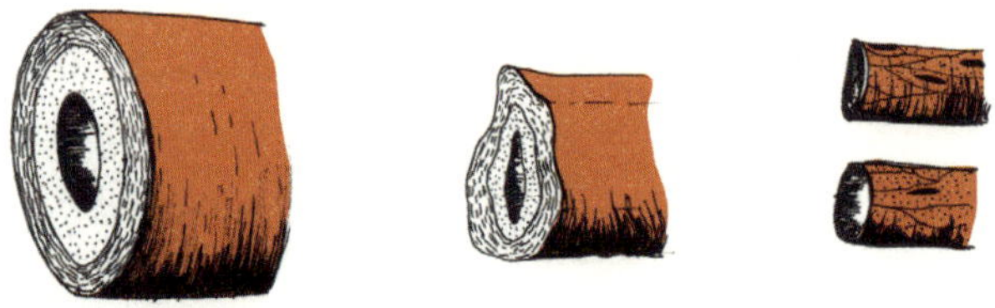

Arterie *Vene* *Kapillargefäß*

15 ALL DEINE BLUTGEFÄSSE ANEINANDERGEREIHT KÖNNEN ZWEIEINHALBMAL DIE ERDE UMRUNDEN

- Legt man alle Blutgefäße (Adern) eines Erwachsenen hintereinander, erhält man eine Schnur von 100 000 Kilometern Länge! Das ist der 2,5-fache Umfang der Erde – eine ganz ordentliche Strecke!

- Ein Mensch hat drei verschiedene Arten von Blutgefäßen: Arterien (Schlagadern), Venen und Kapillaren. Über die Arterien gelangen Sauerstoff und Nährstoffe in jede Zelle deines Körpers. Über die Venen werden Kohlendioxid und Abfallstoffe aus den Zellen abtransportiert.

- Dein Herz pumpt das Blut durch deinen ganzen Körper, und die Schlagadern transportieren Blut in das Gewebe. Die größte Schlagader ist die Aorta, auch Hauptschlagader genannt, die an ihrer breitesten Stelle einen Durchmesser von etwa drei Zentimetern hat. Sie verläuft von deinem Herzen die Wirbelsäule entlang zum Bauch. Im Ruhezustand strömen etwa fünf Liter Blut pro Minute durch die Aorta.

- Die Arterien verästeln sich wie ein Baum in immer dünnere Blutgefäße, die im Gewebe ein haarfeines Netzwerk bilden. Diese hauchdünnen Blutgefäße sind die Kapillaren. Sie sind noch feiner als ein Haar und werden deshalb auch Haargefäße genannt. Ein rotes Blutkörperchen passt gerade noch durch. Weil die Wände der Kapillaren so dünn sind, können Stoffe sowohl aus den Haargefäßen ins Gewebe transportiert werden als auch umgekehrt.

Kapillarnetz

16 MANCHE KÖRPERTEILE BENUTZEN WIR GAR NICHT

Dein Körper ist ein kleines Wunder. Jede Zelle darin hat eine Funktion. Und doch gibt es Teile, die unser Körper eigentlich nicht braucht. Das sind Überbleibsel aus unserer Vergangenheit.

- **Weisheitszähne** brauchten unsere Vorfahren, um auf zähen Fleisch- oder Pflanzenstücken zu kauen. Sie waren nützlich, um alles ordentlich zu zermahlen. Heutzutage können wir zähe Nahrung kochen, backen oder mit Messer und Gabel klein schneiden. Die Weisheitszähne brauchen wir also nicht mehr. Heute verursachen sie nur noch Zahnschmerzen.

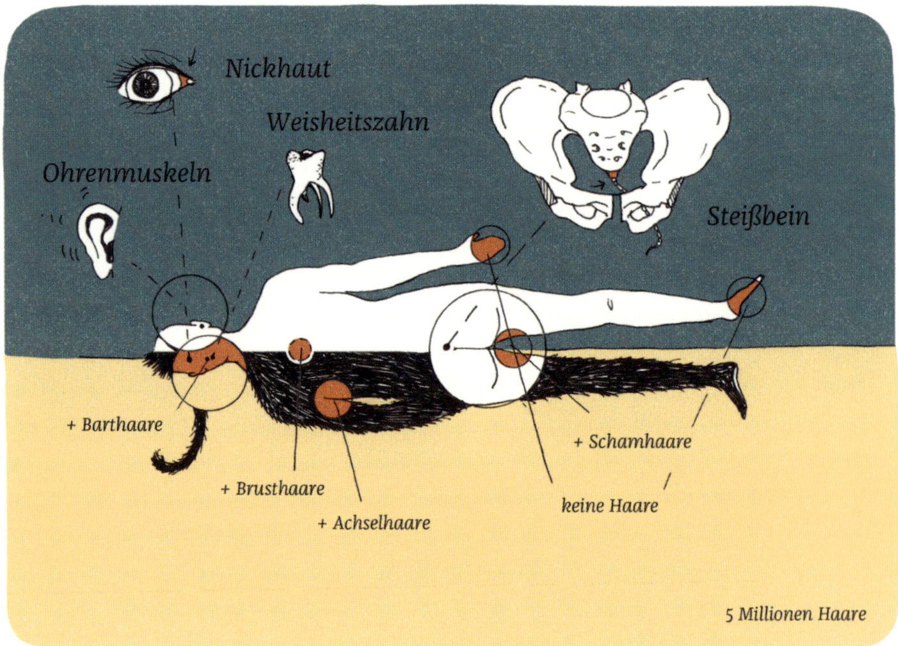

- In der inneren Ecke von deinem Auge befindet sich ein Stück rosa Haut. Das ist das Rudiment (der Überrest) der **Nickhaut**, die bei Tieren noch vorkommt. Früher brauchten wir sie, um unsere Augen vor grellem Licht oder Wind zu schützen. Heute haben wir ja Sonnenbrillen und andere Dinge, um unsere Augen zu schützen. Wir laufen auch nicht mehr so oft durch Wind und Wetter und benötigen deshalb die Nickhaut nicht mehr.

- Um zu hören, woher ein Geräusch kam, mussten unsere Vorfahren **ihre Ohren bewegen** können. So konnten sie Beute schneller finden und Feinde orten. Heutzutage ist das alles nicht mehr nötig. Die Muskeln in unseren Ohren sind also überflüssig. Bei den meisten Menschen funktionieren sie gar nicht mehr, auch wenn manche von uns noch beeindruckend mit den Ohren wackeln können.

- Unten an deiner Wirbelsäule sitzt das **Steißbein**. Das ist ein kleiner Knochen, der keine Funktion mehr hat. Bei unseren Vorfahren befand sich an der Stelle ein kleiner Schwanz, den sie brauchten, um das Gleichgewicht zu halten. Vielleicht findest du es schade, dass wir unser Schwänzchen nicht mehr haben – das Steißbein jedenfalls können wir überhaupt nicht gebrauchen.

- Und dann gibt es noch den **Blinddarm** mit dem sogenannten Wurmfortsatz (Appendix). Das ist ein wurmförmiges Anhängsel am Blinddarm, das wahrscheinlich unseren Vorfahren bei der Verdauung von Pflanzennahrung half. Heute verschafft uns der Appendix vor allem Ärger, weil er sich entzünden kann. Dann muss man ins Krankenhaus, um ihn entfernen zu lassen.

17 FALLEN VOR DEM EINSCHLAFEN IST GANZ NORMAL

Einschlafmyoklonie

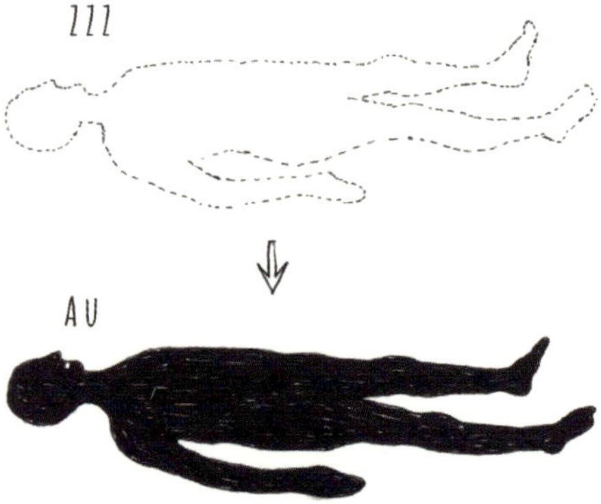

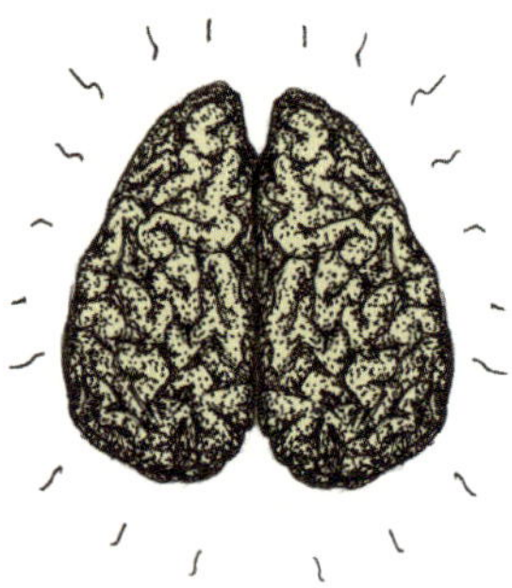

Das Gehirn

Bestimmt hast du es auch schon erlebt: Man liegt gemütlich im Bett, und gerade, wenn man ins Land der Träume sinkt, hat man plötzlich das Gefühl, in ein tiefes Loch zu stürzen. Da bekommt man einen ganz schönen Schreck! Dabei handelt es sich um eine völlig normale Erscheinung, die fast jeder mal erlebt.

- Der Fall vor dem Einschlafen hat auch einen wissenschaftlichen Namen: Einschlafmyoklonie oder Einschlafzuckungen. »Myoklonie« bedeutet, dass ein Muskel oder eine Muskelgruppe sich plötzlich zusammenzieht. Es ist mit einem Schluckauf vergleichbar, bei dem sich dein Zwerchfell zusammenzieht. Die Einschlafmyoklonie ist also der Schluckauf deines Körpers.

- Eigentlich ist dein Gehirn schuld. Kurz vor dem Einschlafen entspannt sich dein Körper und deine Muskeln erschlaffen. Dein Gehirn bekommt es mit und stuft es als Gefahrensituation ein. Deshalb sendet es ein Notsignal an all deine Muskeln und ruft laut: »Hilfe! Irgendwas ist passiert, dass ihr nicht mehr arbeitet!« Die Muskeln reagieren, indem sie sich alle auf einmal zusammenziehen. Dadurch bekommst du das Gefühl, dass du fällst, und bist sofort wieder hellwach.

- Rückenschläfer klagen öfter über Einschlafmyoklonie als Seitenschläfer. Durch das Liegen auf der Seite bleiben die Muskeln nämlich ein bisschen angespannter, weshalb das Gehirn nicht Alarm schlagen muss.

18 DEINE ZUNGE IST EINZIGARTIG

Du weißt bestimmt, dass jeder Mensch einen unverwechselbaren Fingerabdruck hat. In Krimiserien sieht man die Ermittelnden immer wieder Fingerabdrücke nehmen, um den Täter oder die Täterin zu überführen.

Aber wusstest du, dass auch dein Zungenabdruck einzigartig ist? Keine zwei Menschen haben die gleiche Zunge. Die Geschmackspapillen, die Form, die Größe, die Rillen und Verästelungen auf deiner Zunge hat sonst niemand.

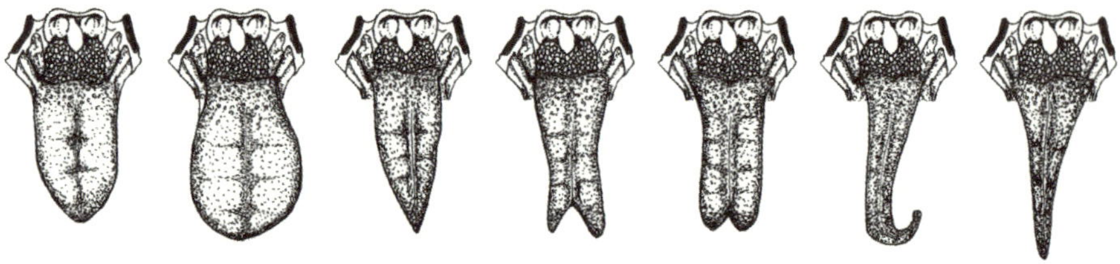

1.	2.	3.	4.	5.	6.	7.
Elias	*Lukas*	*Jacky*	*Julia*	*Max*	*Pit*	*Luise*

Und weil die Zunge im Mund gut geschützt ist, kann sie bei der Identifizierung von Personen nützlicher sein als ein Fingerabdruck.

An manchen Flughäfen muss man inzwischen in eine Kamera gucken. Die Maschine macht einen Scan von deiner Iris, dem farbigen Ring im Auge. Die Iris ist nämlich genau wie der Finger- und der Zungenabdruck einmalig.

Bonuswissen Zunge:

Auf der Innen- und auf der Außenseite deiner Zunge befinden sich Muskeln, mit denen du sie in alle Richtungen bewegen kannst. Acht Muskeln sind nötig, um deine Zunge zu verdrehen und sie hin und her zu bewegen.

19 RADRENNFAHRER RASIEREN SICH DIE BEINE

Wer ab und zu ein Radrennen im Fernsehen sieht, hat sicher schon bemerkt, wie glatt die Beine der Fahrer sind. Der Grund ist nicht die Eitelkeit der Fahrer, die keinen dichten Teppich auf ihren Waden haben wollen. Glatte Beine erfüllen auch eine Funktion.

Erstens sind glatte Beine leichter zu massieren. Professionelle Radfahrer müssen sehr oft massiert werden, damit ihre Muskeln beweglich bleiben. Für den Masseur ist es leichter, wenn er glatte Haut bearbeiten muss, und dem Fahrer tut es ohne Haare weniger weh. Außerdem braucht der Masseur zum Massieren weniger Öl, und es gibt weniger Entzündungen an den Haarfollikeln.

Zweitens kommt es bei Radrennen schon mal zu Stürzen. Die haben oft fiese Schürfwunden zur Folge, die schnell verarztet werden müssen. Auf glatten Beinen lassen sich Wunden leichter versorgen – außerdem tut es dann nicht so weh, wenn man hinterher das Pflaster wieder abreißt.

Die Behauptung aber, dass man mit glatteren Beinen auch schneller radeln kann, stimmt nicht. Trotzdem gelten rasierte Beine als eine Art ungeschriebenes Gesetz unter Radrennfahrern. Alle tun es, und wer mit behaarten Beinen bei einem Rennen aufkreuzt, wird nicht ernst genommen.

Nur wenige berühmte Rennfahrer scheren sich überhaupt nicht um das Rasiergebot. Der Slowake Peter Sagan zum Beispiel weigert sich manchmal einfach, seine Beine zu rasieren, und gewinnt trotzdem sehr viele Rennen. Er wurde sogar dreimal Weltmeister.

20 FORMEL-1-FAHRER SIND UNGLAUBLICH FIT

Dabei scheint es so einfach. Du ziehst einen Ganzkörperanzug an, setzt einen coolen Helm auf und nimmst hinter dem Steuer eines Rennautos Platz. Dann drehst du auf einem Parcours ein paar rasend schnelle Runden. Eine gute Kondition brauchst du da eigentlich nicht, der Wagen macht ja die ganze Arbeit.

Ganz im Gegenteil! Formel-1-Piloten sind echte Hochleistungssportler und Rennfahren die Sportart mit der allerstärksten körperlichen Belastung.

Das Herz

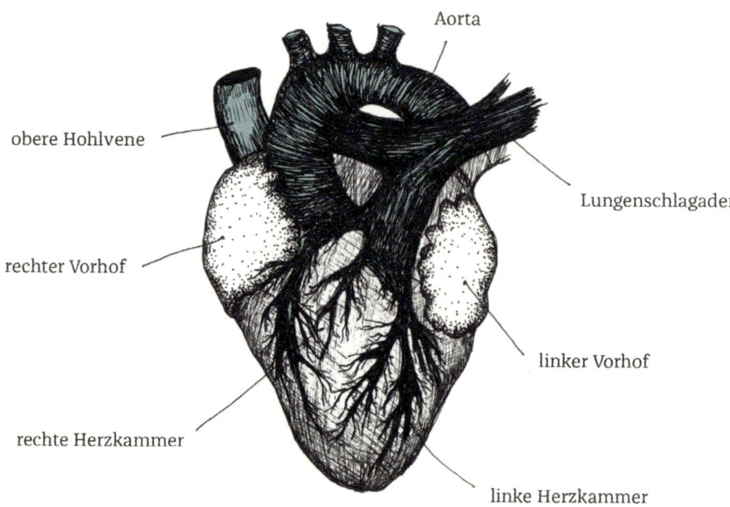

- Während eines Rennens schlägt das Herz eines Rennfahrers gut 200-mal pro Minute. Das ist mehr als bei Fußballern oder Sprintern, deren Puls zwischen 150 und 160 liegt. Der hohe Herzschlag kommt vor allem von der physischen Anstrengung, aber auch davon, dass der Fahrer die ganze Zeit über hochkonzentriert sein muss, er darf sich – wortwörtlich – nicht ablenken lassen. Eine plötzliche Bremsbewegung oder ein Überholversuch kann den Puls pfeilschnell in die Höhe jagen.

- Um mit dem enormen Stress umzugehen, trainieren Formel-1-Piloten mindestens vier Stunden pro Tag, z. B. in Form von Fitnesstraining, Laufen oder Radsport. Außerdem müssen sie ein Krafttraining absolvieren.

- Die Nackenmuskeln eines Rennfahrers werden extrem stark beansprucht. Beim Bremsen in Kurven wirkt die Schwerkraft vier- bis fünfmal stärker als normal. Für den Rennfahrer fühlt es sich dann so an, als ob sein Kopf vier- oder fünfmal so schwer wäre. Um seinen Kopf gerade zu halten, braucht er also sehr starke Rücken- und Nackenmuskeln. Manche Fahrer tragen deshalb beim Training einen zehn Kilo schweren Helm.

- Um das Lenkrad festzuhalten, braucht ein Fahrer starke Armmuskeln, und auch in den Beinen benötigt er zum Bremsen viel Kraft.

Bonusinfo Formel 1:

Nach einem Rennen wiegen die Fahrer 2–3 Kilo weniger. Das kommt daher, dass sie unterwegs so viel Flüssigkeit verlieren.

Das ist ganz praktisch, schließlich können sie unterwegs nicht auf die Toilette. Und wenn sie doch dringend müssen? Dann machen sie einfach in ihren Anzug.

- Und natürlich muss er neunzig Minuten lang ordentlich auf Draht sein. Nur eine Sekunde Unaufmerksamkeit kann ihn das Leben kosten. Darum müssen Rennfahrer auch mental sehr fit sein.

21 EIN SUMORINGER ISST ACHT RIESIGE PORTIONEN REIS PRO TAG

Um Sumoringer zu werden, braucht man ordentlich Disziplin. Das, und guten Hunger. Sumoringer müssen nämlich sehr viel essen, um sich zu wirklichen Champions zu entwickeln.

- Das Frühstück lassen sie ausfallen. Frühmorgens müssen sie nämlich schon hart trainieren, und mit vollem Magen können sie einen Gegner nicht so leicht niederringen. Natürlich sind sie dann mittags sehr hungrig. Zum Glück steht dann immer ein Koch bereit, der ihnen schnell etwas zu essen macht.

- Der bekannte Sumo-Champion Konishiki behauptet, dass er mittags mit Leichtigkeit zehn Schüsseln *Chanko-nabe* (siehe unten), acht Schalen Reis, 130 Stück Sushi und 25 Portionen Fleisch verspeist. Und zum Schluss hat er noch Platz für Nachtisch.

- *Chanko* oder *Chanko-nabe* ist ein eiweißreicher Eintopf mit Fleisch, Fisch, Hühnchen und Tofu und viel Gemüse. Eigentlich richtig gesund also, aber Sumoringer essen eine unglaubliche Menge davon. Sie trinken auch gern viel Bier dazu. Nach dem Mittagessen machen sie ein Nickerchen, um so wenig Energie wie möglich zu verbrauchen. Am Abend gibt's dann noch mal das Gleiche. Pro Mahlzeit nehmen sie also zwischen 4000 und 5000 Kalorien zu sich, was mehr als der doppelte Tagesbedarf eines erwachsenen Mannes ist.

- Sumoringer bringen zwischen 150 und 270 Kilo auf die Waage. Dafür sind viele Muskeln verantwortlich, aber auch viel Fett an Hüfte und Bauch. Dadurch kommen sie nicht so leicht aus dem Gleichgewicht. Das Fett dient auch als Kissen für eine sanfte Landung.

- Weil es bei Sumo-Wettkämpfen keine Gewichtsklassen gibt, tut ein Ringer alles, um so schwer wie möglich zu werden. Das verschafft ihm einen Vorteil gegenüber seinem Gegner.

- Sumoringer haben ein hartes Leben. Es dauert etwa zehn Jahre, bis sie ihr Zielgewicht erreicht und das vollständige Training absolviert haben. Die Kämpfer leben in einem »Stall«. So werden die Schulen genannt, an denen Sumo-Kämpfer ausgebildet werden. Dort müssen sie einen strikten Plan einhalten, der ihnen Essens-, Schlafens- und Trainingszeiten genau vorschreibt. Weil der Sport so viel Disziplin erfordert, haben die Japaner großen Respekt vor ihren Sumoringern. Sie werden als echte Helden verehrt.

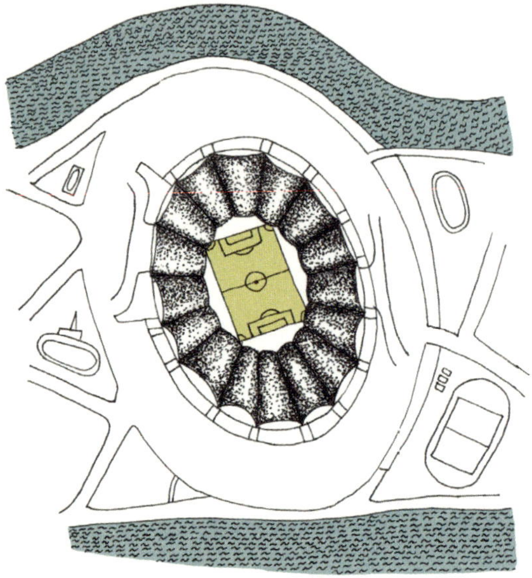

Stadion 1. Mai
Pjöngjang

22 DAS GRÖSSTE FUSSBALLSTADION DER WELT LIEGT IN NORDKOREA

- Das *Stadion 1. Mai* in Pjöngjang, der Hauptstadt von Nordkorea, hat Platz für ungefähr 150 000 Zuschauer. Zwar werden in dem Stadion, das von oben aussieht wie eine Magnolienblüte, manchmal wirklich Fußballspiele, Leichtathletikwettbewerbe und andere Sportturniere abgehalten. Meistens aber dient das riesige Stadion dazu, den koreanischen Führer zu verherrlichen. Das geschieht in Form von großen Militärparaden oder Turn- und Tanzveranstaltungen, an denen gut 100 000 Menschen teilnehmen.

- Das größte europäische Fußballstadion ist *Camp Nou* in der spanischen Stadt Barcelona, wo 99 354 Menschen die Spiele des FC Barcelona hautnah miterleben können. *Camp Nou* ist eines der bekanntesten Stadien der Welt.

- Die größten Stadien sind aber nicht immer die außergewöhnlichsten. Um die zu finden, musst du zum Beispiel zu den Faröer-Inseln reisen, wo sich das *Eidi-Stadion* befindet. Das liegt direkt am Meer – wer da wohl den Ball holen muss, wenn er rausgeschossen wird?

- Auch das *Marina-Bay-Floating-Stadium* in Singapur ist etwas Besonderes, denn das Spielfeld schwimmt im Hafenwasser. Die Tribüne befindet sich vor einer futuristisch aussehenden Kulisse an Land und hat Platz für 30 000 Personen.

23 DIE OLYMPISCHE GOLDMEDAILLE ENTHÄLT NUR SEHR WENIG GOLD

Da hast du wirklich alles gegeben und schaffst es vor allen anderen über die Ziellinie. Für deine Meisterleistung erhältst du eine Goldmedaille. Das ist natürlich großartig, aber glaub nicht, du könntest reich werden, wenn du deine Medaille verkaufst. Leider besteht sie nämlich nur zu einem winzigen Anteil (1–2 %) aus Gold. Der Rest ist Silber. Manchmal steckt sogar noch ein bisschen Bronze drin. Aber natürlich geht es hier gar nicht um den Wert des Materials, sondern um die Ehre.

- Der Schwimmer Michael Phelbs ist der absolute Rekordhalter mit gleich 23 Goldmedaillen.

- Die Olympioniken nach ihm schafften es jeweils auf »nur« neun Goldmedaillen: die Turnerin Larissa Latynina, der Leichtathlet Paavo Nurmi, der Schwimmer Mark Spitz und der Leichtathlet Carl Lewis.

Bonusinfo Medaillen:

Bei den Ländern mit den meisten Goldmedaillengewinnern stehen die USA ganz vorn – zum Zeitpunkt, als dieses Buch geschrieben wurde, haben sie 1178-mal Gold errungen. Russland steht mit 722 Goldmedaillen auf dem zweiten und Deutschland mit 600 Goldmedaillen auf dem dritten Platz.

- Die erfolgreichste deutsche Sommer-Olympionikin aller Zeiten ist die Kanutin Birgit Fischer mit acht Goldmedaillen, gefolgt von der Dressurreiterin Isabell Werth mit sieben Goldmedaillen.

- Der Winter-Olympionike mit den meisten Goldmedaillen ist der Norweger Ole Einar Bjørndalen. Er holte im Biathlon achtmal Gold.

1–2% Gold
100% Ehre

24 EIN MARATHON IST OFFIZIELL 42,195 KILOMETER LANG

Was für eine seltsame Zahl, denkst du jetzt vielleicht. Warum haben sie sich nicht einfach für 42 oder 43 Kilometer entschieden? Da müssen wir uns die Geschichte des Marathons einmal näher anschauen.

- Die Anfänge liegen im Jahr 490 vor Christus, als der Soldat Pheidippides die etwa vierzig Kilometer lange Strecke von Marathon nach Athen lief. Dort musste er berichten, dass die Athener den Krieg über die Perser gewonnen hatten. Leider fiel der Botschafter tot um, nachdem er seine Nachricht überbracht hatte. Wahrscheinlich hatte er beim Laufen einen Sonnenstich erlitten.

- Nun sollte es noch bis 1896 dauern, bevor bei den Olympischen Spielen ein echter Marathon stattfand. Die Distanz betrug damals 25 Meilen oder ca. 40 Kilometer.
- Als 1908 die Spiele in London abgehalten wurden, wollte die Königsfamilie, dass das Startsignal vor dem Schloss Windsor abgegeben wurde. Die Ziellinie musste sich vor der königlichen Tribüne im Westlondoner White City Stadium befinden. Diese Strecke war exakt 42,195 Kilometer lang. Daraus wurde schließlich die offizielle Streckenlänge für alle Marathonläufe.
- Bei den Männern liegt der Weltrekord für den Marathon bei 2 Stunden und 35 Sekunden. Diese Zeit erzielte Kelvin Kiptum im Jahr 2023 in Chicago. Kelvin Kiptum stammt aus Kenia.
- Die Äthiopierin Tigst Assefa schaffte den Marathon in Berlin in 2 Stunden, 11 Minuten und 53 Sekunden und hält damit den Weltrekord bei den Frauen.

(Zumindest war das so, als dieses Buch geschrieben wurde – Rekorde können natürlich immer wieder gebrochen werden!)

25 IM BAD MACHTE ARCHIMEDES EINE WICHTIGE ENTDECKUNG

Archimedes lebte vor sehr langer Zeit, von 287 bis 212 vor Christus. Und doch kennen wir ihn heute noch. Wie das kommt? Archimedes war einer der bedeutendsten Wissenschaftler, die es je gab. Er machte eine Reihe von Entdeckungen, die heute in der Mathematik und in den Naturwissenschaften immer noch zur Anwendung kommen.

- Das Archimedische Prinzip ist eines der ersten Naturgesetze. Archimedes wurde vom König damit beauftragt, zu untersuchen, ob eine Krone aus reinem Gold gefertigt oder ob ihr Silber beigemischt worden war. Weil Archimedes aber die Krone nicht beschädigen durfte, war das gar nicht so einfach.

- Eines Tages aber stieg Archimedes in die Badewanne und sah das Wasser ansteigen. Er erkannte, dass er das Volumen seines eigenen Körpers anhand der Wassermenge, die über den Wannenrand gelaufen war, messen konnte. »Heureka!«, rief Archimedes da und lief nackt die Straße herunter. »Heureka« bedeutet »Ich hab's gefunden!«.

- Das Gewicht von Gold kannte er, und er wusste auch, wie viel andere Metalle wogen. Durch seine Entdeckung konnte er der Frage nachgehen, ob die Krone aus purem Gold war oder nicht.*

- Auch einige Erfindungen haben wir Archimedes zu verdanken. Unter anderem entwickelte er ein Planetarium zum Studium der Planeten sowie den Flaschenzug, mit dem man sehr große Objekte bewegen kann. Das Flaschenzugprinzip wird auch heute noch verwendet.

* Die Krone war nicht aus purem Gold.

- Als seine Stadt von den Römern belagert wurde, entwickelte Archimedes auch Kriegsmaschinen, zum Beispiel Katapulte.

- Im Jahr 212 vor Christus besetzten die Römer die Stadt Syrakus, in der Archimedes zu der Zeit wohnte. Eines Tages studierte der Gelehrte drei Kreise, die er um sich herum in den Sand gemalt hatte. Als plötzlich ein plündernder römischer Soldat rücksichtslos durch seine Kreise marschierte, wurde Archimedes sehr böse. Darauf erschlug der Soldat ihn, obwohl er von seinem General ausdrücklich den Befehl bekommen hatte, den alten Gelehrten zu verschonen.

Bonusinfo Archimedes:

In der Mathematik benutzen wir noch heute eine ganze Menge der Entdeckungen von Archimedes: die Integralrechnung zum Beispiel oder das Archimedische Axiom. Es ist also gut möglich, dass der gute alte Archimedes dir hin und wieder Kopfzerbrechen bereitet.

26 LEONARDO DA VINCI ZEICHNETE EINEN HUBSCHRAUBER, LANGE BEVOR DER ERFUNDEN WURDE

Sicher hast du schon einmal von der Mona Lisa gehört. Das Gemälde einer Frau, die uns geheimnisvoll anlächelt, gehört wohl zu den bekanntesten Kunstwerken der Welt. Gemalt hat es Leonardo da Vinci.

- Leonardo wurde am 15. April 1452 in der Nähe des italienischen Ortes Vinci geboren. Er war der Sohn einer Magd und eines erfolgreichen Notars, der aber mit einer anderen Frau verheiratet war. Die ersten fünf Lebensjahre verbrachte Leonardo bei seiner Mutter, bevor er zu seinem Vater zog, wo er eine gute Ausbildung bekam.

- Als junger Mann ging er bei dem Bildhauer Andrea del Verrocchio in die Lehre, der in Florenz wohnte.

- Mit sechsundzwanzig bekam er seinen ersten Auftrag als selbstständiger Meister und zog später mit dreißig nach Mailand, um dort für eine reiche Familie als Maler, Ingenieur, Bildhauer und Architekt zu arbeiten. In dieser Zeit malte

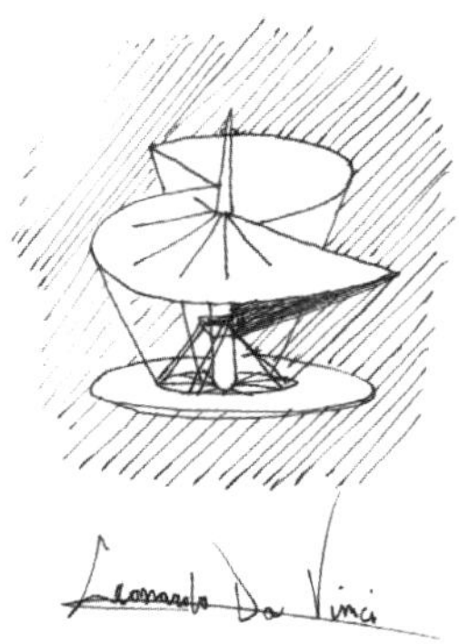

er mehrere Porträts, von denen aber nur die Mona Lisa bis heute erhalten ist. Da Vinci stellte oft seine Werke nicht fertig oder vernichtete jene, die er nicht gut genug fand. Darum sind heute nur insgesamt siebzehn Gemälde von ihm erhalten.

- Seine Ideen schrieb Leonardo da Vinci in verschiedenen Notizbüchern nieder. Er machte sich Gedanken über den menschlichen Körper, über Probleme der Erdkunde, über das Fliegen und über die Schwerkraft. Die Themen, zu denen er sich Notizen machte, wechselten in schneller Folge. Oft schrieb er sogar auf derselben Seite über verschiedene Themen.

- Dazu fertigte er Zeichnungen von den unterschiedlichsten Dingen an. So zeichnete er unter anderem einen Hubschrauber, einen Fallschirm und eine Flugmaschine, lange bevor diese Dinge tatsächlich erfunden wurden. Um das Äußere des Menschen besser zu verstehen, studierte er das Innere des Körpers und wurde so zu einem Meister in Anatomie.

- Leonardo da Vinci war zweifellos einer der genialsten Menschen, die je gelebt haben. Er starb im Jahr 1519.

Washington *Jefferson* *Teddy* *Lincoln*

Mount Rushmore

27 DER TEDDYBÄR IST NACH EINEM AMERIKANISCHEN PRÄSIDENTEN BENANNT

Theodore Roosevelt war von 1901 bis 1909 Präsident der USA. Er war ein äußerst beliebter Präsident, der von den US-amerikanischen Menschen sehr geschätzt wurde. Sie nannten ihn liebevoll »Teddy« Roosevelt.

Roosevelt war ein leidenschaftlicher Jäger. Eines Tages ging er mit einer Gruppe von Bekannten auf Jagd. Nach einiger Zeit hatten alle einen Bären geschossen, nur der Präsident noch nicht. Seine Gefolgsleute wollten das nicht hinnehmen, und so stellten sie einem geschwächten Schwarzbär nach und fingen ihn ein. Sie banden das arme Tier an einem Baum fest und riefen den Präsidenten herbei, um den Bären totzuschießen.

Doch Theodore Roosevelt weigerte sich. Er fand es feige, ein angebundenes Tier zu erlegen. Die Geschichte machte schnell die Runde, und das edle Verhalten des Präsidenten begeisterte die Menschen in den USA.

Ungefähr zu dieser Zeit wurden auch die ersten Stoffbären hergestellt. Die Amerikanerinnen und Amerikaner nannten sie von da an »Teddy«, nach ihrem Präsidenten. Der Name ist bis heute geblieben.

28 MARIE CURIE GEWANN NICHT EINEN, SONDERN ZWEI NOBELPREISE

Marie Skłodowska wurde in Polen als jüngstes von fünf Kindern geboren. Ihre Mutter starb, als Marie noch ein Kind war, und ihr Vater hatte Mühe, die Familie durchzubringen.

Marie war eine sehr begabte Schülerin, die stets gute Noten schrieb. Doch leider hatte die Familie nicht genug Geld, um sie an die Universität zu schicken, und so arbeitete Marie nach dem Schulabschluss als Lehrerin und Gouvernante. Sie versuchte trotzdem heimlich, an Vorlesungen teilzunehmen.

Mit ihrer Schwester schloss Marie einen Pakt. Marie würde das Medizinstudium ihrer Schwester mitbezahlen, unter der Bedingung, dass ihre Schwester danach das Gleiche für sie tun würde.

Im Jahr 1891, da war Marie 24, ging sie nach Paris, um an der Sorbonne Mathematik, Physik und Chemie zu studieren. Die Sorbonne ist eine der besten Universitäten in Frankreich. Marie meisterte das Studium mit Bravour.

Sie heiratete den Wissenschaftler Pierre Curie, der über den Magnetismus forschte. Marie arbeitete im Labor mit und führte Untersuchungen zu verschiedenen Arten

von Strahlen durch. Auf die Idee war sie durch Wilhelm Röntgen gekommen, der die X-Strahlen entdeckt hatte, mit denen man durch einen Körper hindurchsehen kann. Die »Röntgen-Strahlen« sind nach ihm benannt.

Gemeinsam mit ihrem Mann entdeckte Marie zwei neue Stoffe, die Strahlen abgeben. Sie tauften den einen nach Maries Heimatland »Polonium« und den anderen »Radium«. Die von diesen Stoffen abgegebenen Strahlen nannten sie »Radioaktivität«.

Für ihre Strahlenforschungen erhielten Pierre und Marie Curie 1903 gemeinsam den Nobelpreis in Physik. Marie war damit die erste Frau, die diesen wichtigen Preis gewann – und bekam 1911 gleich noch einen, diesmal in Chemie.

Noch mehr Gewinner:

Nur vier weitere Menschen haben wie Marie gleich zwei Nobelpreise eingeheimst: Linus Pauling gewann den Nobelpreis für Chemie und den Friedensnobelpreis; John Bardeen wurde zweimal mit dem Physiknobelpreis ausgezeichnet; Frederick Sanger und Karl Barry Sharpless zweimal mit dem für Chemie.

Irène Curie, die Tochter von Marie Curie, gewann gemeinsam mit ihrem Mann Frédéric Joliot auch einen Nobelpreis in Chemie.

29 MOZART WAR EIN WUNDERKIND

Wolfgang Amadeus Mozart wurde 1756 in Österreich geboren und ist einer der berühmtesten Komponisten aller Zeiten. Ein Komponist ist jemand, der sich Musik ausdenkt, und damit sie auch gespielt werden kann, die Noten dazu aufschreibt.

- Mozarts Vater erkannte früh, dass er ein Wunderkind im Haus hatte. Er sorgte dafür, dass sein Sohn für den Kaiser von Österreich spielen durfte.

Ziemlich unheimlich ...

Einmal verfasste Mozart ein Requiem – eine gesungene Totenmesse bei einer Begräbnisfeier –, das zu den schönsten Stücken der Musikgeschichte gehört. Beim Schreiben hatte Mozart das Gefühl, dass er an seiner eigenen Totenmesse arbeitete. Seine Vorahnung wurde tragischerweise wenig später wahr.

- Später reiste Mozart auch zu den Königen von Frankreich und England. Alle waren hellauf begeistert von seiner Musik.

- Mit vierzehn schrieb Wolfgang Amadeus seine erste große Oper. Die hieß *Mitridate* und wurde im Theater von Mailand uraufgeführt. Wolfgang Amadeus komponierte wie verrückt und war lange ein sehr gefragter Musiker.

- Trotzdem hatte er an seinem Lebensende Schulden. In seinen letzten Jahren hatte er zwar sehr viel Geld verdient, aber auch ein sehr luxuriöses Leben geführt. Er leistete sich viele Bedienstete und teure Sachen und verspielte außerdem große Summen beim Kartenspiel und bei Billardturnieren. Er starb sehr jung und hinterließ seiner Ehefrau kein Geld.

Mozart

30 BARBIE WAR EINST EIN ECHTES MÄDCHEN

Herr und Frau Handler aus den USA waren Besitzer einer Spielzeugfabrik mit dem Namen Mattel. Zu Hause beobachtete Frau Handler, dass ihre kleine Tochter Barbie am liebsten mit Anziehpuppen aus Pappe spielte. Sie bastelte Röcke, Hüte und Hosen und konnte sich stundenlang mit ihren Puppen beschäftigen. 1959 beschloss Frau Handler, eine kleine Plastikpuppe anzufertigen, die genau wie eine erwachsene Frau aussehen sollte. Sie stattete die Puppe mit einer umfangreichen Garderobe aus und taufte sie auf den Namen Barbie, den Spitznamen ihrer Tochter.

Da es bis dahin in den Geschäften nur große Babypuppen zu kaufen gab, war Barbie wirklich etwas Besonderes. Die anderen Spielwarenhersteller waren anfangs nicht überzeugt von der neuen Puppe, doch schon nach kurzer Zeit wurde Barbie zu einem Riesenerfolg.

Zwei Jahre später bekam Barbie einen Freund. Den nannte Frau Handler nach ihrem Sohn Ken.

Barbie und Ken und all ihr Zubehör gehören heute zu den bestverkauften Spielwaren der Welt.

Bonusinfos:

Barbies offizieller Geburtstag ist der 9. März 1959.
Die allererste Barbie trug einen schwarz-weiß gestreiften Badeanzug und hatte einen Pferdeschwanz.

31 AMELIA EARHART FLOG ALS ERSTE FRAU ÜBER DEN ATLANTISCHEN OZEAN

- Amelia Earhart wurde am 24. Juli 1897 in den USA geboren. Als Kind war sie eine kleine Rabaukin, die auf die höchsten Bäume kletterte und mit dem Gewehr Jagd auf Ratten machte.

Amelia Earhart

- 1920 durfte sie in einem Flugzeug mitfliegen. Von da an wollte sie nur noch eins: selbst fliegen. Sie nahm Flugunterricht und kaufte sich von ihren Ersparnissen ein Flugzeug.

- Im Mai 1932 begann sie auf einem Flugplatz in Neufundland in Kanada ihre Reise über den Ozean. Amelia wusste, dass es nicht ungefährlich sein würde. Sie musste fast fünfzehn Stunden ununterbrochen fliegen, und das bei extremer Wetterlage. Unterwegs wurde auch noch der Treibstofftank undicht. Aus dem

Motor kamen Flammen, die Flügel der Maschine waren mit Eis bedeckt. Doch Amelia gab nicht auf. Sie schaffte es, den Atlantik zu überqueren und sicher auf einer Wiese in Irland zu landen.

- Amelia liebte das Risiko. 1937 wollte sie gemeinsam mit Fred Noonan in ihrem Flugzeug um die Welt fliegen. Doch als sie auf einer Insel im Pazifik zur Landung ansetzten, ging etwas schief. Sie konnten keinen Funkkontakt zur Landestation aufnehmen und deshalb auch nicht landen. Auf einmal verschwand das Flugzeug vom Radar. Bis heute weiß niemand, was passiert ist. Haben sie eine Notlandung auf dem Meer gemacht? Steuerten sie eine abgelegene Insel an? Noch immer geben uns diese Fragen Rätsel auf. Fest steht aber, dass Amelia Earhart eine sehr mutige Frau war.

32 MANCHMAL WIRD EIN PIRATENJÄGER ZUM PIRATEN

Der Name William Kidd sagt dir wahrscheinlich nichts. Doch er war einst ein sehr berühmter und berüchtigter Mann.

William Kidd wurde 1645 in Schottland geboren und zog später in die USA um, wo er Sarah Bradley Cox Oort heiratete. Sarah war eine sehr wohlhabende Frau. Kidd wurde Kaufmann, und das Paar schwelgte im Luxus.

Zum Handeltreiben reiste William Kidd regelmäßig nach England. Dort boten ihm englische Adlige an, gegen eine stolze Geldsumme Jagd auf französische Piraten zu machen. Kidd, der Abenteuer liebte, nahm den Auftrag an. Er kaufte extra ein neues Schiff, um damit Piraten zu fangen. Doch trotz der über dreißig Kanonen an Bord der Adventure Galley hatte Kidd kaum Erfolg bei der Piratenjagd. Er häufte viele Schulden an, die er nicht zurückzahlen konnte. Darum überfiel er jedes nichtenglische Schiff, das ihm auf See entgegenkam, und wurde so in kurzer Zeit vom Piratenjäger zum Piraten.

Von da an ging es weiter bergab. Er hatte Streit mit der Besatzung des Schiffs, die sich zum Großteil gegen ihn wandte. Also kehrte Kidd in die USA zurück, wo er jedoch sofort festgenommen wurde. Dann schickte man ihn wieder zurück nach England, um ihn dort vor Gericht zu stellen.

Am 23. Mai wurde William Kidd gehängt. Um andere Piraten abzuschrecken, wurde seine Leiche in einem Eisenkäfig über der Themse in London aufgehängt.

Bis heute glauben einige Menschen, dass William Kidd irgendwo einen Schatz vergraben hat. An manchen Orten wird sogar noch danach gesucht.

33 SIND DIE DINOS VERHUNGERT?

Paläontolog:innen sind Wissenschaftler:innen, die über Tiere und Pflanzen forschen, die vor Tausenden von Jahren gelebt haben. Sie beschäftigen sich also auch mit der Zeit, als die Dinosaurier den Erdball bevölkerten. Über das Aussterben der Dinos haben sie Theorien entwickelt. Eine davon lautet, dass sie verhungert sein könnten.

Wie du ganz bestimmt weißt, waren viele der Dinosaurier enorm groß und stark. Der Diplodocus zum Beispiel konnte bis zu 25 Meter lang und gut zwölf Tonnen schwer werden. So ein Gigant brauchte natürlich auch unglaublich viel Nahrung, um zu überleben.

Und daran haperte es. Wenn ein so riesiges Tier auf einmal nichts mehr zu essen fand, verhungerte es sehr schnell, trotz seiner enormen Größe.

Vor 65 Millionen Jahren stürzte ein großer Meteorit auf die Erde. Ein Meteorit ist ein Stein aus dem Weltall. Das kann ein Trümmerteil von einem Asteroiden oder einem Planetoiden sein. Der Einschlag des riesigen Meteoriten wirbelte eine so gigantische Staubwolke auf, dass keine Sonnenstrahlen mehr zur Erde durchdringen konnten. Bald hörten die Pflanzen auf zu wachsen und gingen ein. Für die Pflanzenfresser war also keine Nahrung mehr da. Die Fleischfresser konnten zwar noch eine Weile von den Pflanzenfressern leben, doch bald war es auch für sie vorbei. So dauerte es nicht lang, bis alle großen Dinosaurier vom Erdboden verschwunden waren.

Kleinere Tiere überlebten jedoch. Sie konnten sich von Insekten und Maden ernähren. Sie waren bestimmt oft hungrig, aber sie hielten durch.

Die kleineren Dinosaurier hatten auch noch eine Chance, vor allem, wenn sie fliegen konnten. Die Beine der Saurier formten sich langsam zu Flügeln aus, sodass sie leichter an unterschiedlichen Orten auf Nahrungssuche gehen konnten. Die Dinosaurier sind die Vorläufer unserer heutigen Vögel.

34 IM MITTELALTER KONNTEN AUCH FRAUEN RITTERINNEN WERDEN

Stellst du dir sofort einen Mann vor, wenn du an einen Ritter denkst? Da liegst du falsch! Frauen und Mädchen konnten nämlich auch Ritter werden. Wenn ein Ritter starb, ging seine Pflicht auf seine Familie über. Und wenn er keinen Sohn hatte, mussten eben seine Frau oder eine Tochter die ritterlichen Aufgaben übernehmen.

Equitissa

In Friedenszeiten ging das ja noch. Da musste ein Ritter Steuern für den König eintreiben, hier und da mal eine Brücke reparieren und in seiner Stadt für Ordnung sorgen.

Aber in Zeiten des Krieges musste ein Ritter natürlich sein Land verteidigen und dem König dienen. Dass die weiblichen Ritter da mitmachten, ist unwahrscheinlich. Vermutlich ließen sie andere für sich kämpfen.

Frauen im Mittelalter waren aber alles andere als empfindlich und hatten damals schon ziemlich viele Rechte. Zum Beispiel durften sie ein Geschäft führen. Weibliche Ritter wurden übrigens *Equitissa* genannt. Ab dem 14. Jahrhundert kamen noch andere Bezeichnungen hinzu: *Chevaleresse* für die Frau eines Ritters und *Chevalière* für einen weiblichen Ritter.

Es gab damals auch Ritterorden speziell für Frauen, etwa den Orden der Damen von der Axt (*Ordo de la Hacha*) in Katalonien. Weil die Frauen der Stadt erbittert gegen die Mauren gekämpft hatten, wurde für sie zur Belohnung dieser Orden gestiftet. Religiöse Ritterorden gab es auch. Die Frauen, die dazugehörten, nahmen nicht an Kriegen teil.

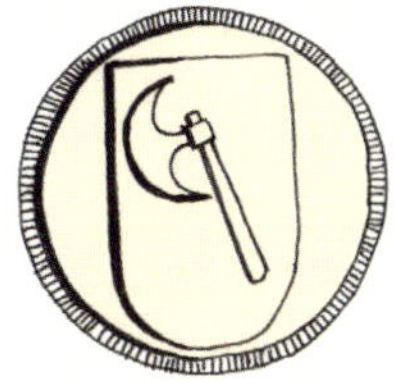

Orden der Damen von der Axt

Zwei bekannte Ritterinnen, die in den Kampf zogen:

- Johanna von Flandern führte ein Heer von dreihundert Reitern an. Sie wird beschrieben als eine Frau »mit scharfem Schwert und großem Mut«.
- Isabella I. von Kastilien vertrieb zusammen mit ihrem Mann die Mauren aus dem Süden von Spanien.

Tadsch Mahal

35 DER TADSCH MAHAL IST EIN GRAB
(UND EINE LIEBESERKLÄRUNG)

- Zuerst einmal ist der Tadsch Mahal ein wunderschönes Gebäude in Indien. Er ist aus weißem Marmor und völlig symmetrisch gebaut. »Symmetrisch« bedeutet: Würde man ihn zusammenfalten, würden alle Seiten genau aufeinanderpassen. Der Tadsch Mahal wird manchmal eines der sieben neuen Weltwunder genannt.

- Eigentlich ist der Tadsch Mahal ein Mausoleum. Das ist ein Grabdenkmal, in dem die sterblichen Überreste eines toten Menschen aufbewahrt werden. Gebaut wurde der Tadsch Mahal zwischen 1632 und 1653 als letzte Ruhestätte für die Ehefrau von Shah Jahan, der damals über das Mogulreich herrschte. Als seine Frau Mumtaz Mahal bei der Geburt ihres vierzehnten Kindes starb, war Shah Jahan untröstlich. Darum ließ er diesen fantastischen Palast erbauen, der ihr himmlischer Platz auf der Erde werden sollte.

- Der Tadsch Mahal ist so gebaut, dass man hinter ihm nur den Himmel sieht. Das hatten sich die Architekten mit Absicht so ausgedacht, damit kein anderes Gebäude die Aufmerksamkeit vom Tadsch Mahal ablenkt. Am Bau des Mausoleums arbeiteten 20 000 Menschen und 1000 Elefanten mit. Als Shah Jahan starb, wurde auch er darin begraben.

- Noch heute besuchen jedes Jahr Millionen von Touristen diese besondere Grabstätte.

36 EIN VULKAN LÖSCHTE ALLES LEBEN IN POMPEJI AUS

- Im 7. Jahrhundert vor Christus erbauten die Osker ein Dorf neben dem Fluss Sarno. Das Leben war gut, auch wenn ständig neue Herrscher an die Macht kamen. Die Etrusker, die Samniten und die Römer regierten hier abwechselnd. Während der Römerzeit war Pompeji eine Großstadt mit mehr als 10 000 Einwohnern.

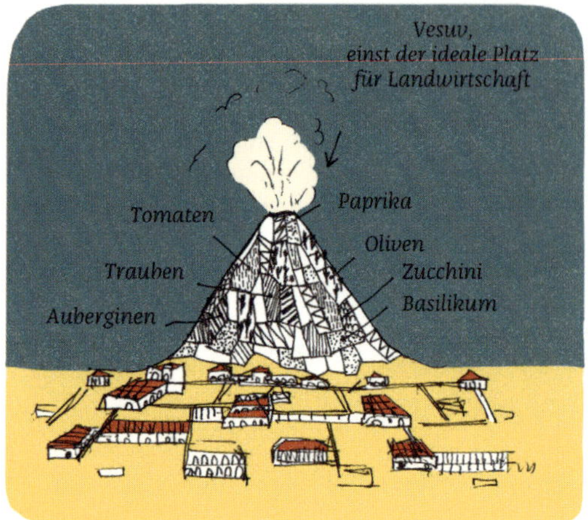

Pompeji
vor dem 24. August 79

- Im Jahr 62 nach Christus geschah eine Katastrophe. Pompeji wurde von einem Erdbeben verwüstet. Doch die Bewohner bauten die Stadt wieder auf, und das Leben ging weiter. Sie ahnten nicht, dass noch viel größeres Unheil im Anzug war.

- Der Berg Vesuv hatte all die Zeit über ruhig neben der Stadt gestanden. Die Bewohner pflanzten an seinen Hängen Gemüse und andere Pflanzen an und hatten keine Ahnung, dass der Vesuv eigentlich ein Vulkan war, der jeden Moment ausbrechen konnte. Das geschah dann am 24. August 79. Auf einmal begann der Berg zu grollen und glühend heiße Lava auszuspucken. Pompeji wurde von einer dicken Schicht aus Lava, Asche und Schutt überzogen. Den meisten Einwohnern gelang zwar die Flucht, aber zweitausend Menschen wurden unter der Asche und dem Schutt begraben. Von einem Tag auf den anderen war Pompeji vom Erdboden verschluckt.

- Lange schien sich niemand an die Stadt zu erinnern. Zwar wurde sie im 16. Jahrhundert wiederentdeckt, aber die archäologischen Ausgrabungen begannen erst im 18. Jahrhundert. Unter dem Schutt fand man eine fast intakte römische Stadt. Dabei kamen auch viele Kunstschätze zum Vorschein. Noch heute finden in Pompeji Ausgrabungen statt, aber vor allem geht es darum, die schon ausgegrabenen Schätze zu schützen und zu pflegen.

- Auch von den Opfern wissen wir einiges: Die Bewohner von Pompeji wurden in ihrem Alltag plötzlich von einer enormen Staubwolke überrascht. Sie starben durch die giftigen und heißen Gase und wurden von der Lava verschluckt. Zwar sind ihre Körper im Laufe der Jahrhunderte verfallen, doch da, wo sie sich befanden, entstanden Hohlräume.

- Forschende füllten diese Hohlräume mit Gips. So können wir die Menschen aus Pompeji heute noch sehen. Ein sehr berührender, aber auch trauriger Anblick. Man sieht eine Mutter, die ihr Kind beschützen wollte, Menschen, die sich aus Angst aneinander festklammerten …

- Inzwischen sind beinah 60 % der Stadt ausgegraben.

- Jedes Jahr reisen viele Menschen nach Pompeji, um die Ruinen zu besuchen.

37 SICKERGRUBEN SIND SCHATZKISTEN

(ZUMINDEST FÜR ARCHÄOLOGINNEN UND ARCHÄOLOGEN)

Weißt du, was eine Sickergrube ist? Heutzutage versteht man darunter eine Grube, über die alle Toilettenabfälle entsorgt werden. Im Mittelalter war sie aber viel mehr als das. Damals schütteten die Menschen nicht nur ihre Exkremente (also ihren Kot) hinein, sondern auch alte Schuhe, Kleider, Küchengeräte, kaputtes Geschirr und allerlei andere Alltagsgegenstände. Die Flüssigkeiten sickerten in den Boden, der Rest wurde zu einer festen Masse zusammengepresst.

Archäolog:innen riechen das gern.

Für Archäologinnen und Archäologen sind solche Sickergruben richtige Schatzkisten. Archäolog:innen sind Wissenschaftler:innen, die in der Erde nach Gegenständen aus der Vergangenheit suchen, um herauszufinden, wie die Menschen zu einer bestimmten Zeit lebten.

Zwar wurde früher der Mist aus den Sickergruben herausgeholt, sobald sie voll waren, aber es blieb doch vieles darin liegen. Für die Fachleute ist dieser Dreck eine Goldgrube. Sie können aus den Funden ablesen, ob die Menschen arm oder reich waren, was für Kleider sie trugen und was für Geräte sie in Haus und Garten benutzten. So enthält zum Beispiel die Sickergrube eines Arztes oder eines Apothekers die Instrumente, mit denen er arbeitete, sowie allerlei Gefäße für Tabletten und Salben. Und aus den Knochenstücken, Gräten, Samen und Schalen, auf die sie beim Buddeln stoßen, können die Forschenden sogar herauslesen, was die Menschen in einer früheren Zeit aßen.

Archäologinnen und Archäologen halten sich also nicht die Nase zu, wenn sie an einer vollen Sickergrube vorbeikommen.

38 DIE AZTEKEN UND DIE MAYA BEZAHLTEN MIT SCHOKOLADE

Vielleicht hast du schon mal Schokoladenmünzen gegessen? Die schmecken natürlich gut, aber leider kannst du in keinem einzigen Geschäft damit bezahlen. Bei den Maya und den Azteken war das anders. Diese alten Zivilisationen waren schon verrückt nach Schokolade, als wir sie noch gar nicht kannten.

Kakaosamen galten in diesen Kulturen als sehr wertvoll. Sie wurden zermahlen, und mit dem Kakaopulver konnte man bezahlen. Die Samen wurden dem Herrscher als Geschenk überreicht und den Gottheiten als Opfer gebracht.

Die Maya mischten das Kakaopulver mit Wasser zu einem schäumenden Getränk. Die mächtigen Männer tranken die Mischung aus großen Kelchen. Es war ein bitteres Getränk und schmeckte ganz anders als unsere heutige Schokoladenmilch.

Die Azteken hingegen machten ein sehr leckeres Getränk daraus, indem sie Vanille, Mais oder Chilipulver hinzufügten. Sie waren überzeugt, dass man mit einem Becher Schokolade einen harten Arbeitstag bestehen konnte, ohne zusätzlich etwas zu essen. Kakaopulver wurde auch benutzt, um Krankheiten zu heilen.

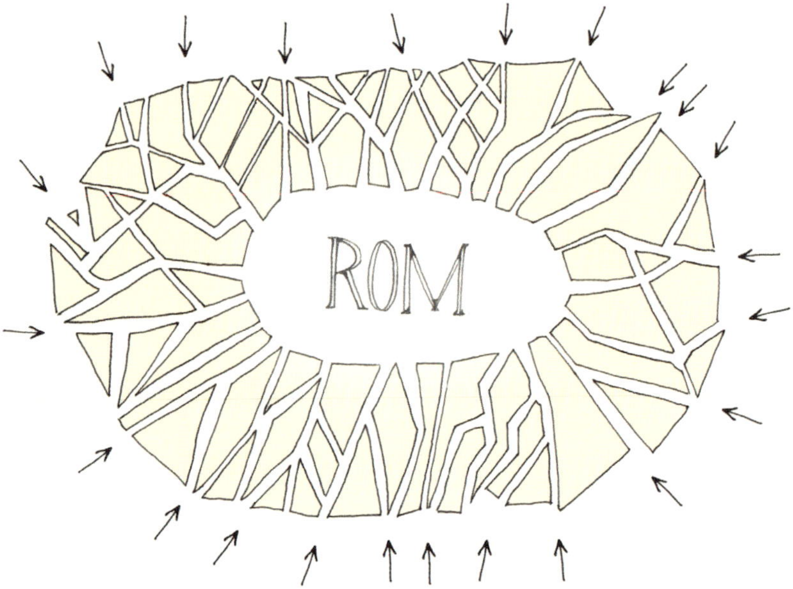

39 FRÜHER FÜHRTEN WIRKLICH ALLE WEGE NACH ROM

Einst herrschten die Römer über einen großen Teil der Welt. Ihr Reich war gut fünf Millionen Quadratkilometer groß und hatte 85 Millionen Einwohner. Rom war das Zentrum, wo auch der Kaiser wohnte.

Es war natürlich wichtig, dass die Römer jederzeit leicht zu allen Orten gelangen konnten, die sie beherrschten. Die Sandwege, die es schon gab, waren für schnellen Verkehr aber nicht geeignet. Darum legten die Römer ein riesiges Netzwerk von Straßen an, das sich über Afrika, Europa und Asien erstreckte.

Eigentlich führten die Wege aber nicht nach Rom, sondern von Rom weg. Es ging darum, dass man vom Zentrum, von Rom aus, in alle wichtigen Städte gelangen konnte.

Manche der römischen Straßen heißen heute »Heerstraßen«. Das liegt daran, dass viele von ihnen vor allem von der Armee benutzt wurden.

Wenn irgendwo im Römischen Reich ein Aufstand losbrach, mussten schnell viele Soldaten von Rom aus entsandt werden. Die Heerstraßen waren schnurgerade, sodass man auch mit römischen Streitwagen, die nicht so beweglich waren, leicht darüberfahren konnte.

Die Römer legten Zehntausende Kilometer von Steinstraßen und Hunderttausende von Sandwegen an. Auf manchen dieser Straßen kann man heute noch fahren.

Bonusinfo:

Das Sprichwort »Alle Wege führen nach Rom« bedeutet, dass du mehrere Möglichkeiten hast, um dein Ziel zu erreichen. Wie du es genau anstellst, ist nicht so wichtig. Das Ergebnis ist dasselbe.

40 NAPOLEON WAR NICHT KLEIN

Napoleon wird oft nachgesagt, dass er besonders klein war. Das stimmt nicht: Napoleon war 1,68 Meter groß, was für seine Zeit ganz normal war. Aber warum sieht er dann auf allen Bildern so klein aus? Dafür gibt es gute Gründe.

- Napoleon ließ seine Leibwachen nach der Körpergröße auswählen. Damit sie ihn gut bewachen konnten, mussten sie groß und stark sein. Leider wirkte Napoleon dadurch kleiner, als er eigentlich war.

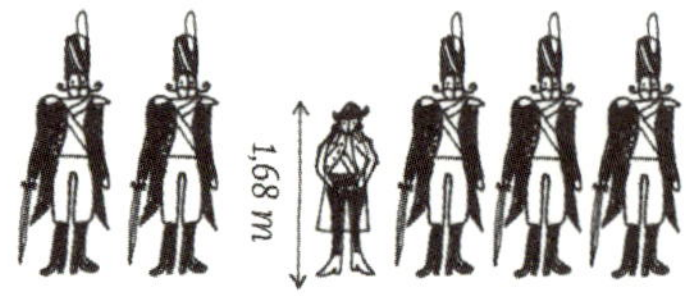

Napoleon Bonaparte

- Es gibt aber noch einen anderen Grund: Die Engländer und die Franzosen benutzten unterschiedliche Maßeinheiten. Ein englischer »Fuß« maß ungefähr 30 Zentimeter und damit weniger als der französische mit 32 Zentimetern. Die Engländer, die sowieso nichts von den Franzosen hielten, benutzten also ihre eigene Fußlänge, um die Größe des französischen Kaisers anzugeben. Sie hatten Spaß daran, die Franzosen lächerlich zu machen.

- Napoleon Bonaparte hielt sich selbst für den bedeutendsten Mann der Welt, weshalb er sich auch zum Kaiser krönte. Er führte den »Code Napoléon« ein, ein Gesetzbuch, das heute noch in großen Teilen gültig ist. Außerdem ist er der

Bonusinfo Napoleon:

In Frankreich ist es noch heute per Gesetz verboten, einem Schwein den Namen Napoleon zu geben.

Erfinder des »Standesamts«, wo Geburten, Hochzeiten und Todesfälle gemeldet werden müssen. Unter Napoleon wurden auch universelle Maße und Gewichte wie Kilo, Meter und Liter eingeführt.

- Auf seinen Feldzügen soll Napoleon immer Schokolade bei sich gehabt haben. Die gab ihm für die Kämpfe die nötige Energie. Doch am 18. Juni 1815 muss sein Schokoladenvorrat verbraucht gewesen sein. An dem Tag verlor er in der Schlacht von Waterloo und wurde aus Europa verbannt.

41 DEINE SCHUHGRÖSSE HAT KARL DER GROSSE BESTIMMT

Ich weiß nicht, welche Schuhgröße du hast, fest steht aber, dass die von Karl dem Großen bestimmt wurde. Er herrschte von 768 bis 814 als König und Kaiser über einen großen Teil von Europa.

Karls Fuß war 325 Millimeter lang. Diese Länge wurde fortan als Standard für eine spezielle Maßtabelle verwendet. Der Fuß des Kaisers bekam Größe 50. Die Länge wurde auf 330 Millimeter aufgerundet. 330 geteilt durch 50 ergibt 6,6. Dies wurde der Unterschied zwischen zwei Schuhgrößen. Eine Person mit Schuhgröße 37 hat also eine Fußlänge von 37 × 6,6 Millimeter = 24,4 Zentimeter.

Schuhhersteller halten sich aber manchmal nicht an diese Maßtabelle. Deshalb musst du deine Schuhe immer anprobieren, bevor du sie kaufst.

Wusstest du übrigens, dass Robert Wadlow, der größte Mensch der Welt, Schuhgröße 74 hatte? Seine Füße waren ganze 48 Zentimeter lang.

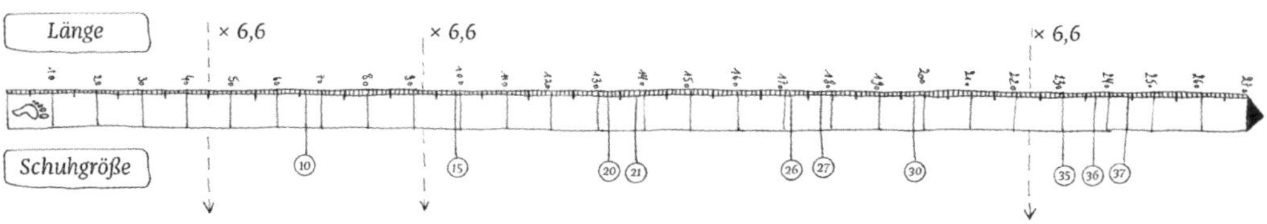

Ichthyosaurus

42 SCHOTTLAND HAT EIN MONSTER
(ABER NICHT DAS VON LOCH NESS)

Bestimmt hast du schon einmal vom Monster von Loch Ness gehört. Der Legende nach ist das ein riesiger Dinosaurier, der sich im Loch Ness, einem großen See in Schottland, versteckt hält. Wahrscheinlich ist Nessie aber eine Erfindung, inzwischen ist man sich in der Wissenschaft einig, dass kein Monster im See wohnt.

- Und doch lebte einst wirklich ein Monster in Schottland. Zugegeben, das ist schon 170 Millionen Jahre her. Damals wandelten und schwammen noch eine ganze Menge mehr riesige, monsterähnliche Tiere auf unserem Planeten herum. Bei dem schottischen Monster handelte es sich um ein schwimmendes Reptil, den Ichthyosaurus. Er war ungefähr vier Meter lang, hatte einen runden Kopf und Hunderte messerscharfer Zähne.

- 1966 wurden auf der schottischen Insel Skye die Überreste eines dieser Wassermonster entdeckt. Sie steckten im Gestein fest, und man musste sie vorsichtig herauslösen. Der Ichthyosaurus ähnelte ein wenig unserem heutigen Delfin, war aber deutlich weniger sympathisch als Flipper.

Land	Einwohnerzahl	Fläche
Vatikanstadt	ca. 830	ca. 0,44 km²
Nauru	ca. 10 000	ca. 21 km²
Tuvalu	ca. 10 000	ca. 26 km²
Palau	ca. 20 000	ca. 466 km²
San Marino	ca. 30 500	ca. 61 km²

43 ALLE EINWOHNER DES KLEINSTEN LANDES DER WELT PASSEN PROBLEMLOS IN EIN FUSSBALLSTADION

Stell dir mal vor, du würdest alle Menschen in deinem Land kennen – in Deutschland mit seinen über 84 Millionen Einwohnern wird das ziemlich schwierig. Bei den kleinsten Ländern der Welt könnte das schon eher passieren:

- Das Land mit der geringsten Einwohnerzahl ist Vatikanstadt. Es liegt im Herzen von Rom und hat ungefähr 830 Einwohner. Vatikanstadt ist ein unabhängiger Staat, der vom Papst regiert wird. Das Land hat sogar seine eigenen Euromünzen.

- Die Inselstaaten Nauru und Tuvalu belegen Platz zwei und drei auf der Liste. Auf beiden Inseln leben ungefähr 10 000 Menschen. Tuvalu befindet sich im Pazifischen Ozean an einem der entlegensten Orte der Welt. Die Republik Nauru liegt auch im Pazifik und gehört zu Mikronesien, einer Gruppe von mehr als zweitausend tropischen Inseln.

- In der Nähe von Nauru liegt Palau, mit ungefähr 20 000 Einwohnern die Nummer vier auf der Liste.

- Die Republik San Marino liegt zwar mitten in Italien, ist aber ein eigener Staat. Hier leben ungefähr 30 500 Menschen.

Ein bisschen anders sieht die Liste aus, wenn man die Fläche der Länder betrachtet:

- Vatikanstadt bleibt mit 0,44 km^2 das kleinste Land der Welt.

- Auf Platz zwei folgt Monaco, das nur 2,02 km^2 groß (oder besser: klein) ist.

- Nauru (21 km^2), Tuvalu (26 km^2) und San Marino (61 km^2) nehmen die drei letzten Plätze auf unserer Liste ein.

44 DAS DORF MIT DEM LÄNGSTEN NAMEN EUROPAS HEISST LLANFAIRPWLLGWYNGYLLGOGERYCHWYRNDROBWLLLLANTYSILIOGOGOGOCH …

Versuch mal, den Namen auszusprechen – fast unmöglich, oder? Das Dorf liegt auf der Insel Anglesey in Wales und wird von den Einwohnern einfach kurz Llanfair PG oder Llanfairpwll genannt. Übersetzt bedeutet der Name »Marienkirche in einer Mulde weißer Haseln in der Nähe des schnellen Wirbels und der Thysiliokirche bei der roten Höhle«.

Der Name entstand nicht einfach so. Im Jahr 1860 wollten die Leute, die im Dorf das Sagen hatten, den längsten Namen aller Bahnhöfe im Land schaffen. Das würde schließlich die Touristen anlocken, die im Besucherzentrum den Namen in ihren Reisepass stempeln lassen konnten. So wurde aus dem ursprünglichen Namen Llanfair Pwllgwynyll das viel längere Llanfairpwllgwyngyllgogerychwyrndrobwllllantysiliogogogoch. Auch heute reisen immer wieder Touristen in das Dorf, um ein Foto von dem ellenlangen Namen auf dem Bahnhofsschild zu machen.

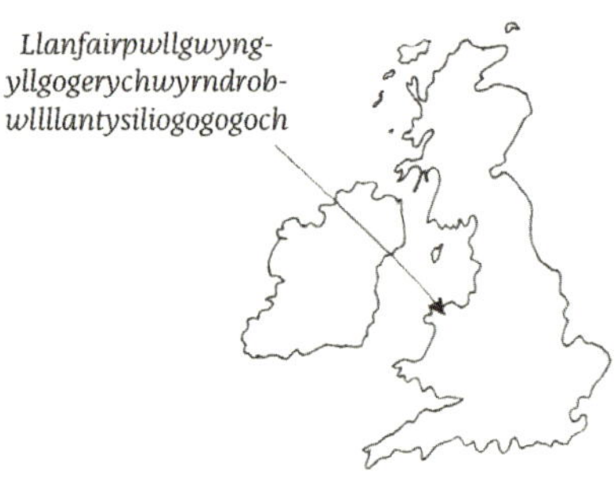

45 EIN BLITZ IST 30 000 GRAD HEISS

- In einer Gewitterwolke wirbeln andauernd kleine Eiskristalle von oben nach unten und umgekehrt. Dieses Hin und Her erzeugt eine Reibung, die dazu führt, dass oben in der Wolke eine positive Ladung und unten eine negative Ladung entsteht.

- Die meisten Blitze entladen sich in der Wolke selbst. Manchmal bekommt der Erdboden durch die negative Gewitterwolke darüber eine positive Ladung.

- Wenn der Spannungsunterschied zwischen der Erde und der Wolke zu groß wird, wandern Elektronen aus dem untersten, negativ geladenen Teil der Wolke ruckartig in Richtung Erde. Das nennt man die »Vorentladung«. Die Verästelungen, die man sieht, laufen von der Erde nach oben und nicht umgekehrt. Nur ein Fünftel aller Blitze verläuft zwischen den Wolken und der Erdoberfläche.

- Der Blitz selbst ist extrem heiß: bis zu 30 000 Grad. Das ist fünfmal heißer als die Oberfläche der Sonne. Der Blitz ist mit das Heißeste, was wir in unserem Sonnensystem kennen.

- Durch die enorme Hitze dehnt sich die Luft um den Blitz herum rasend schnell aus. Das ist die Explosion, deren Knall wir nach dem Blitz als Donner hören.

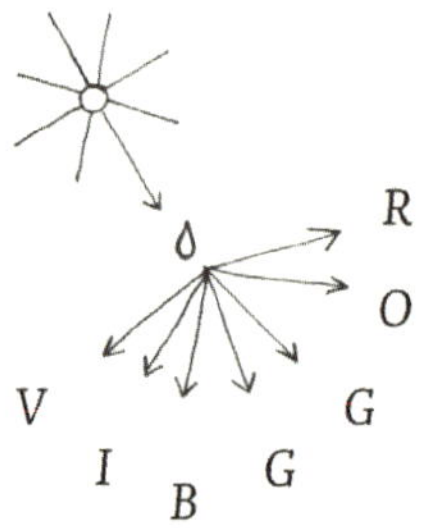

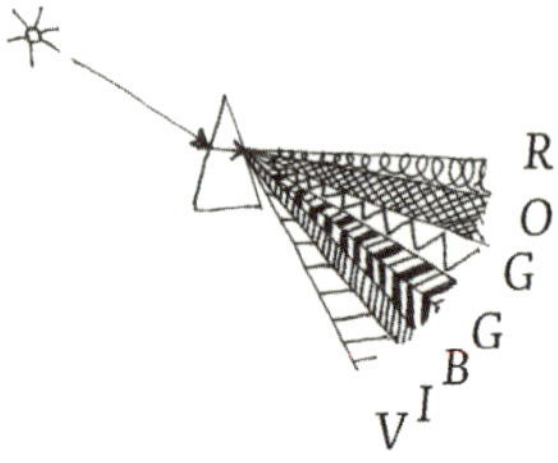

46 EIN REGENBOGEN HAT KEINEN ANFANG UND KEIN ENDE

- Ein Regenbogen ist nämlich ein Kreis, und Kreise haben bekanntlich keinen Anfang und kein Ende. Wir sehen also immer nur eine Hälfte des Regenbogens. Die andere befindet sich hinter der Erde. Nur von einem hohen Berg oder aus dem Flugzeug hat man die Chance, den ganzen Regenbogenkreis zu sehen, weil dann die Erde nicht im Weg ist.

- Regenbogen entstehen, wenn es regnet oder sehr feucht ist und gleichzeitig die Sonne scheint. Dabei strahlt das Licht der Sonne durch die Regentropfen. Wir sehen zwar das Sonnenlicht als gelb oder weiß, doch in Wahrheit besteht

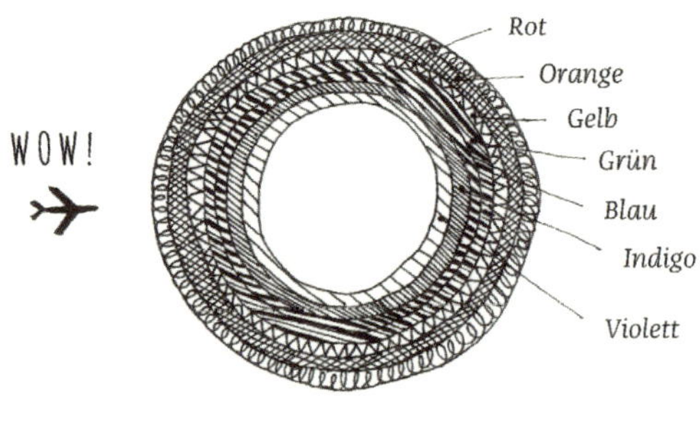

es aus allen Farben, die gemeinsam das vom Menschen sichtbare Spektrum bilden. Die Regentropfen brechen das Licht der Sonne, wodurch alle Farben einzeln sichtbar werden.

- Die Farben erscheinen immer in derselben Reihenfolge, die du dir mit dem Wort ROGGBIV merken kannst: Rot, Orange, Gelb, Grün, Blau, Indigo, Violett.
- Manchmal kann man auch zwei Regenbogen übereinander beobachten. Das passiert nur dann, wenn das Sonnenlicht doppelt reflektiert wird. Der zweite Regenbogen ist aber immer schwächer als der erste, und die Reihenfolge der Farben ist umgekehrt.

Jetzt, wo du weißt, dass Regenbogen kreisförmig sind, verstehst du auch, warum am Ende des Regenbogens kein Topf Gold wartet …

47 DER STEAMBOAT-GEYSIR SPUCKT HÖHER ALS EIN FÜNFZEHNSTÖCKIGES HOCHHAUS

- Ein Geysir ist ein großartiger Anblick. An einigen Orten der Welt wird das Wasser durch die Erdwärme erhitzt. Manchmal sorgt das für eine Warmwasserquelle, bei der warmes Wasser aus dem Erdboden sprudelt. Da kann man schön drin baden. Doch hier und da scheint das Wasser überzukochen und spritzt meterhoch in die Luft. Das nennt man einen Geysir.

- Auf der Erde gibt es sechs große Geysir-Regionen: die USA, Island, Neuseeland, Russland, Chile und Alaska. Im Rest der Welt kommen Geysire nur ganz vereinzelt vor.

- Im Yellowstone Nationalpark in den USA sind die meisten Geysire weltweit versammelt. An Hunderten von Orten spuckt die Erde immer wieder mit enormer Kraft Wasser aus. In diesem Park befindet sich auch der größte Geysir der Welt. Er bekam den Spitznamen *Steamboat* (Dampfschiff), weil er Wasser und Dampf manchmal bis zu neunzig Meter in die Luft schießt. Der Steamboat-Geysir ist leider nur ab und zu aktiv. Zwischen den Ausbrüchen können mal vier Tage und mal fünfzig Jahre liegen.

- Im selben Park kann man aber einen anderen großen Geysir bei der Arbeit sehen, der ganz regelmäßig aktiv ist. *Old Faithful* (der alte Getreue) stößt etwa alle anderthalb Stunden einen heißen Wasserstrahl aus. Er mag etwas weniger beeindruckend sein, aber dafür kann man sich auf ihn verlassen.

Südpol

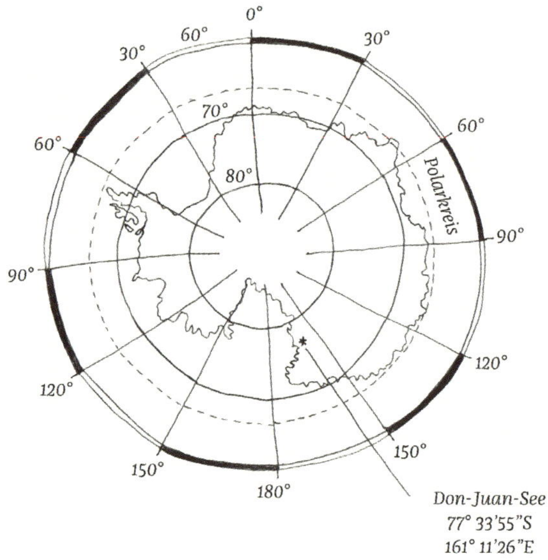

48 DAS SALZIGSTE WASSER GIBT ES IN DER ANTARKTIS

Das Wasser im Don-Juan-See in den Trockentälern der Antarktis ist so salzig, dass es nicht gefriert. Selbst bei Temperaturen von -50 °C bleibt es flüssig. Der Don-Juan-See ist nur 15 Zentimeter tief und besteht zu 40 % aus Salz.

Der See wurde 1961 von zwei Piloten namens Donald Roe und John (Juan) Hickey entdeckt. Nach Don und Juan wurde der See später benannt.

Das Wasser im Don-Juan-See kommt nicht aus der Luft, sondern aus dem Erdboden. Das Wasser verdunstete und wurde immer salziger. Kurz nach der Entdeckung des Sees lebten noch Algen und Schimmelpilze darin. Inzwischen aber ist er völlig tot.

Manche Forschende gehen davon aus, dass Wasser, welches wir auf anderen Planeten finden könnten, dem Wasser im Don-Juan-See ähneln würde.

49 MILLIONEN VON TIEREN SIND NOCH UNENTDECKT

Wüsstest du gern, welche Tiere noch nicht entdeckt wurden? Auf diese Frage gibt es eigentlich keine Antwort – von unentdeckten Tieren wissen wir ja normalerweise nicht, dass sie existieren.

Aber wie kann sich die Wissenschaft dann sicher sein, dass es noch Millionen unentdeckter Tiere gibt?

- Im tropischen Regenwald wohnen Tausende und Abertausende von Insekten. Wenn man da mit einem Schmetterlingsnetz durchspaziert, fängt man in kürzester Zeit eine riesige Menge. Dann ruft man eine Käferspezialistin, einen Schmetterlingsexperten und noch ein paar andere Fachleute herbei, um den Fang in Augenschein zu nehmen. Zweifellos werden unsere Forschenden einen Teil der Insekten wiedererkennen und benennen können. Aber bestimmt werden sich auch Exemplare darunter finden, bei denen sie sich nicht sicher sind. Das eine Käferchen ähnelt zwar einem schon bekannten, ist aber doch irgendwie anders. Gut möglich, dass es eine neue Unterart ist.

- Dann machen sich die Fachleute in der Bibliothek oder im Internet auf die Suche. Vielleicht finden sie bei Kolleginnen und Kollegen, die an einem anderen Ort in der Welt tätig sind, weitere Informationen.

- Und selbst wenn alle Expertinnen und Experten der Welt sich einmal über das Schmetterlingsnetz gebeugt haben, kann man sicher sein, dass noch ein paar Insekten übrig bleiben, von denen niemand genau weiß, was sie sind. Diese müssen dann also weiter erforscht werden.

- Um große Tiere zu fangen, kann man natürlich nicht mit einem Netz durch den Regenwald rennen. Von denen sind sowieso die meisten schon bekannt. Trotzdem werden regelmäßig neue Arten entdeckt. Im Ozean zum Beispiel, in großer Tiefe, stoßen Taucher immer wieder auf Fische, die noch niemand je zuvor gesehen hat. Zum Meeresboden tauchen sie in U-Booten, an denen extrastarke Lampen angebracht sind, denn in dieser Tiefe ist es natürlich stockdunkel. Dann versuchen sie, das Tier zu fangen, damit sie sichergehen können, dass es wirklich eine neue Art ist.

- Die Wissenschaft geht davon aus, dass 8,7 Millionen Tierarten auf der Erde leben. Etwas über eine Million Arten sind schon entdeckt. Stell dir das mal vor: Etwa 86 % aller Arten auf dem Land und sogar 91 % aller Arten im Wasser müssen erst noch entdeckt werden. Manche Arten sterben sogar aus, ehe wir sie entdecken können.

- Hast du jetzt Lust bekommen, Naturwissenschaftler oder Naturwissenschaftlerin zu werden? Dann mal los! Es gibt noch viel zu tun.

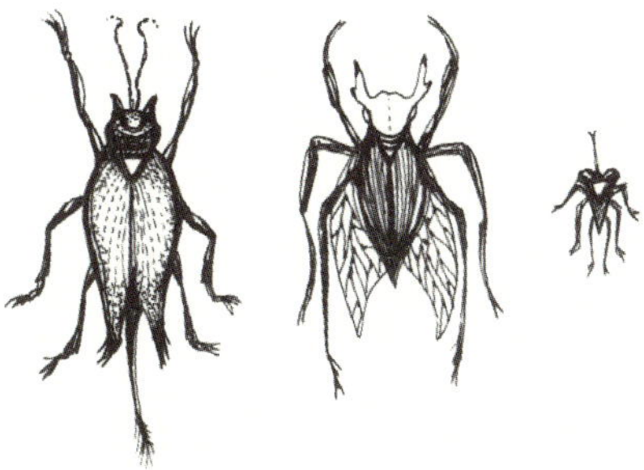

Noch zu entdeckende Arten

50 IN SCHWEDEN KONNTE MAN FÜRS TANZEN EIN KNÖLLCHEN KRIEGEN

Bis 2016 musste man in Schweden vorsichtig sein, wenn man in einem Café oder Restaurant tanzen wollte. Das war nämlich verboten. Tanzen durfte man nur in Gaststätten, die eine Erlaubnis dafür hatten. Hatte der Besitzer keine Genehmigung dafür, Menschen tanzen zu lassen, und tat es trotzdem, konnte er ein heftiges Bußgeld aufgebrummt bekommen.

- Das Gesetz wurde in den Dreißigerjahren eingeführt. Damals fand man, dass Tanzen die Menschen zu fröhlich machte. Diese Fröhlichkeit würde nur zu Unruhe führen, und unruhige Menschen fingen schnell eine Rauferei an.

- Über zwanzig Kampagnen gab es, um das Verbot zu kippen, doch die Regierung hielt lange daran fest. Und die Polizei unterstützte die Einstellung der Regierung. Aber im Jahr 2016 wurde das Gesetz endlich abgeschafft.

- Auch in Japan galt bis 2015 ein Tanzverbot an Orten, die keine Genehmigung dafür hatten. Und selbst mit so einer Genehmigung durfte nach Mitternacht nicht mehr getanzt werden. Doch der Musiker Sakamoto, der selbst gern tanzte, sammelte 150 000 Unterschriften, die schließlich zur Abschaffung des Verbots führten. Seitdem darf also auch in Japan ausgelassen getanzt werden!

** Genehmigung: nur für Menschen*

51 ALLE LÄNDERFAHNEN SIND VORN UND HINTEN GLEICH – AUSSER DIE FLAGGE VON PARAGUAY

Die Grundfarben der paraguayischen Flagge sind Rot, Weiß und Blau in horizontalen Streifen. Rot steht für Gerechtigkeit, Weiß für den Frieden und Blau für die Freiheit.

Auf dem weißen Streifen prangt ein Emblem. Auf der Vorderseite sieht man darin das Staatswappen, aber wenn man die Flagge umdreht, sieht man einen Löwen und den nationalen Leitspruch *Paz y Justicia* (Friede und Gerechtigkeit). Es ist die einzige Nationalflagge der Welt mit zwei unterschiedlichen Seiten.

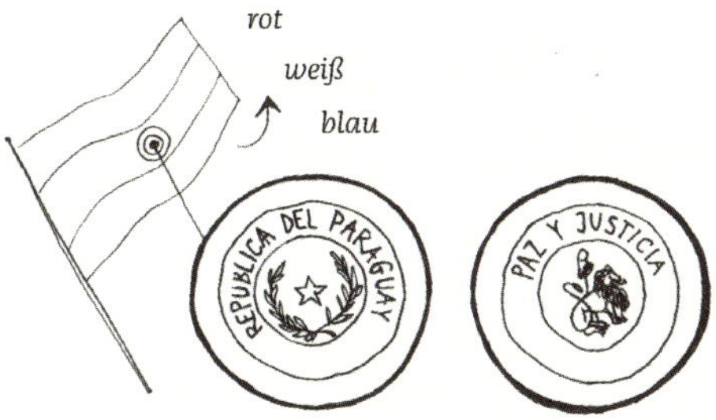

Extra-Flaggenwissen:

Die österreichische Flagge ist die älteste Fahne der Welt, die noch im Gebrauch ist. Sie hat drei horizontale Streifen: oben und unten rot, in der Mitte weiß.

Die Flagge der USA wird auch »Stars and Stripes« oder »Sternenbanner« genannt. Auf ihr sind 50 Sterne für die 50 Bundesstaaten und 13 Streifen für die 13 Gründungsstaaten abgebildet.

Wettstreit der Pyramiden

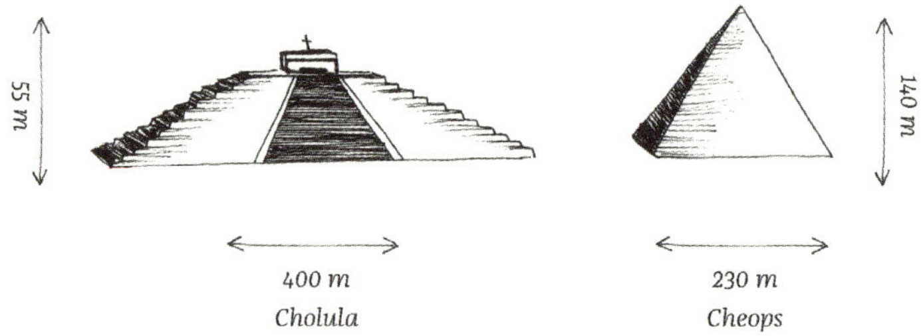

52 DIE GRÖSSTE PYRAMIDE DER WELT STEHT IN … MEXIKO

Viele glauben, dass die Cheops-Pyramide in Ägypten die größte der Welt ist, aber das stimmt nicht. Dieser Titel geht an die Pyramide von Cholula in Mexiko.

- Zwar ist die Cheops-Pyramide mit ihren 140 Metern die höchste Pyramide, dabei ist sie aber »nur« knapp 230 Meter breit. Ihre mexikanische Konkurrentin ist zwar ein gutes Stück niedriger, aber dafür 400 Meter breit.

- Der Bau der mexikanischen Pyramide begann im 3. Jahrhundert vor Christus. Es sollte noch bis zum 9. Jahrhundert dauern, bis die Pyramide endlich fertiggestellt war. Also wurde ganze zwölf Jahrhunderte daran gebaut!

- Die Pyramide von Cholula wurde einst dem aztekischen Gott Quetzalcoatl *(Gefiederte Schlange)* geweiht. Heute erinnert sie eher an einen natürlichen Hügel, auf dem eine Kirche steht. Die wurde während der Kolonialzeit von den Spaniern erbaut. Darum ist die Pyramide von Cholula heute ein Wallfahrtsort für Katholiken.

53 DIE REPUBLIK NAURU HAT KEINE HAUPTSTADT

Die Insel Nauru im Pazifischen Ozean hat knapp über 10 000 Einwohner. Seit 1968 ist sie ein unabhängiger Staat.

- Mit einer Fläche von 21 km² ist Nauru der kleinste Inselstaat.
- Die Insel ist umgeben von wunderschönen Korallenriffen.
- Nauru hat keine Hauptstadt. Die Regierungsgebäude befinden sich in Yaren, das aber nicht die offizielle Hauptstadt ist.
- Nauru hat keine Armee. Die braucht das Land auch nicht, denn es hat noch nie Feinde gehabt.
- Erstaunlicherweise ist Nauru auch das Land mit dem höchsten Anteil dicker Menschen. Das kommt daher, dass es dort wenig eigene Landwirtschaft gibt und deshalb viele Nahrungsmittel aus dem Ausland eingeführt werden müssen. Die Inselbewohner stehen besonders auf frittiertes Hähnchen und Cola – kein Wunder, dass viele ein bisschen zu dick sind.

Nauru, wo jeder Mensch eine Insel ist

54 IN ABU DHABI STEHT DIE SCHNELLSTE ACHTERBAHN DER WELT

Bist du verrückt nach Achterbahnen? Liebst du die Geschwindigkeit? Dann musst du unbedingt mal nach Abu Dhabi in den Vereinigten Arabischen Emiraten. Dort befindet sich Ferrari World, der größte überdachte Themenpark der Welt. Seine zwanzig Attraktionen haben alle etwas mit Autosport zu tun. In diesem Park befindet sich auch die schnellste Achterbahn der Welt: Die Formula Rossa erreicht eine Spitzengeschwindigkeit von 239 Stundenkilometern. Das ist nur möglich, weil ein ähnliches System zum Einsatz kommt wie beim Katapultstart eines Flugzeugs auf einem Flugzeugträger. Innerhalb von fünf Sekunden beschleunigt der Achterbahnwagen, der wie ein Ferrari aussieht, von 0 auf 239 Stundenkilometer. Bei der rasanten Fahrt müssen alle eine spezielle Schutzbrille tragen, um keinen Sand in die Augen zu bekommen. Anders als der Rest des Themenparks steht die Formula Rossa nämlich draußen.

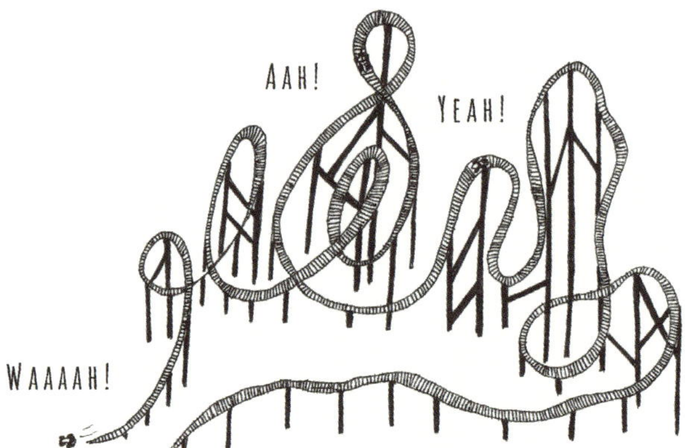

Formula Rossa

Oder sind Höhenflüge eher dein Ding? Die höchste Achterbahn der Welt befindet sich im Freizeitpark Six Flags Great Adventure in Jackson in den USA. Sie heißt Kingda Ka, ist 139 Meter hoch und erreicht eine Spitzengeschwindigkeit von 206 Stundenkilometern. Damit ist sie die zweitschnellste Achterbahn der Welt.

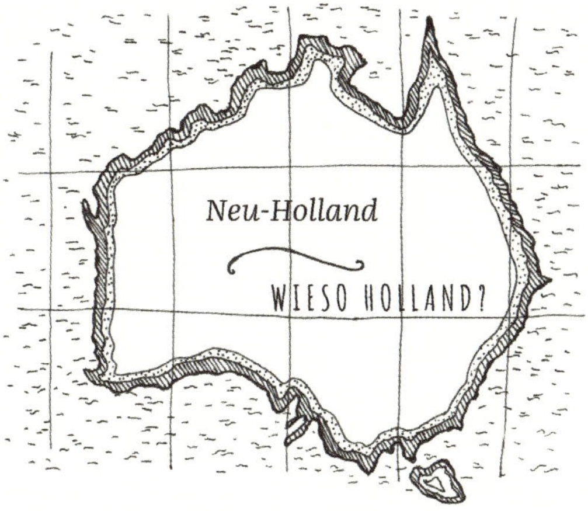

55 AUSTRALIEN HIESS FRÜHER MAL NEU-HOLLAND

Wenn du eine Landkarte aus dem 17. Jahrhundert aufschlägst, wirst du feststellen, dass Australien am Anfang Neu-Holland *(New Holland)* hieß. Es war ein niederländischer Seefahrer namens Abel Tasman, der dem Land 1644 diesen Namen gab. Der Name wurde danach von vielen Seefahrern und Landkartenschreibern aus der Zeit verwendet.

1770 stibitzte sich Großbritannien ein Stück von Australien und nannte es fortan New South Wales *(Neu-Süd-Wales)*. Nur der nicht von den Briten eingenommene Teil hieß weiter Neu-Holland. Seinen heutigen Namen bekam Australien erst im 19. Jahrhundert.

Auch noch wissenswert:

Eine andere Insel, die Tasman entdeckte, wurde nach ihm benannt: Tasmanien. Die Insel gehört zum Staat Australien und liegt etwa 240 Kilometer vor dem australischen Festland.

56 AUF DER OSTERINSEL WIMMELT ES NUR SO VON GEHEIMNISVOLLEN STATUEN

Die Osterinsel liegt im Pazifik, und obwohl sie zu Chile gehört, muss man von dort noch ziemlich weit reisen, um zur Insel zu gelangen. Vor allem ist die Osterinsel berühmt für ihre Hunderte von monumentalen Statuen: die Moai.

- Diese Skulpturen aus Vulkanstein sind bis zu zehn Meter hoch und mitunter über achtzig Tonnen schwer.

- Die Moai stehen auf einem Hang, von dem aus sie das Inland der Osterinsel überblicken. Nur sieben von ihnen blicken zum Meer hinaus.

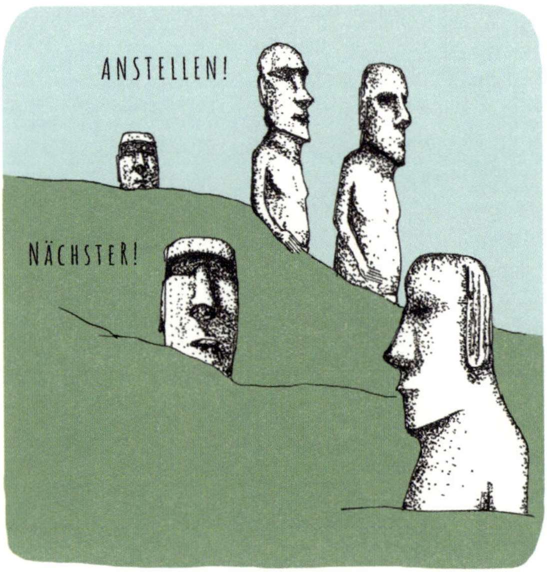

- Alten Legenden zufolge sind die Moai die verstorbenen Ahnen der ersten Bewohner der Insel. Sie bitten die Götter um Fruchtbarkeit für den Boden und die Menschen.

- Die Moai wurden alle an der gleichen Stelle aus dem Stein gehauen und dann ohne die Hilfe von Rädern, Hebemaschinen und auch ohne große Tiere kilometerweit transportiert. Für die Wissenschaft war es lange ein Rätsel, wie die ursprünglichen Bewohner der Insel es schafften, die Statuen zu bewegen.

- Man geht nun davon aus, dass die Moai so gebaut wurden, dass sie nur mithilfe von menschlicher Körperkraft und Seilen aufrecht fortbewegt werden konnten. Die Seile wurden am Kopf der Statue befestigt, bevor sie im Watschelgang zu ihrem Platz geführt wurde. Das war nur möglich, weil die Figur eine ganz bestimmte Form hatte.

- Forschende haben es selbst ausprobiert, und es gelang ihnen tatsächlich, eine fünf Tonnen schwere Statue auf diese Weise zu bewegen.

- Manche Inselbewohner aber sind anderer Meinung und weigern sich, den Forschenden zu glauben. Sie sind überzeugt, dass die Statuen vor langer Zeit einfach selbst an ihren Platz wanderten.

57 IN AUSTRALIEN GIBT ES EINE UNTERIRDISCHE STADT

Coober Pedy heißt die Stadt, und sie liegt ziemlich abgeschieden. Die nächste Stadt ist 850 Kilometer weit entfernt.

Ursprünglich war Coober Pedy eine ganz normale Minenstadt, in der Opal, ein Stein, der unter anderem für Schmuck verwendet wird, abgebaut wurde. Aber in dieser Stadt war es warm, und zwar viel zu warm. Im Sommer konnte es manchmal über 40 °C heiß werden, weshalb die Minenarbeiter lieber in den viel kühleren Minen unter der Stadt schliefen. Das gefiel ihnen so gut, dass sie bald begannen, die Stadt auch unterirdisch auszubauen. Außerdem gab es in der Umgebung fast kein Holz, mit dem sie über der Erde hätten Häuser bauen können.

Inzwischen stehen dort etwa 1500 unterirdische Häuser, von denen manche sogar ein Schwimmbad haben. Durch Löcher in der Decke kommen Luft und Licht herein. Sogar eine Kirche und eine Bar gibt es in der Stadt. Es wohnt sich dort also ganz angenehm.

58 ASTRONAUTEN PINKELN IN STAUBSAUGER

Wie du vielleicht schon weißt, ist die Schwerkraft dafür verantwortlich, dass alles zum Mittelpunkt der Erde gezogen wird. Darum schwebst du nicht im Raum herum, sondern stehst ordentlich mit beiden Füßen auf dem Boden.

- Wenn du dich von der Erde entfernst, wird die Schwerkraft zwar nach und nach schwächer, aber sie bleibt dennoch bestehen. Deshalb zieht auch der Mond weiter seine Runden um die Erde.

- Die Schwerkraft sorgt auch dafür, dass ein Raumschiff auf seiner Bahn um die Erde bleibt. Eigentlich bewegt sich das Raumschiff so schnell, dass es wegfliegen würde, doch die Schwerkraft zieht es an die Erde. Die beiden Kräfte sind im Gleichgewicht. Das Raumschiff fällt sozusagen um die Erde herum. In diesem freien Fall sind Raumschiff und Astronaut schwerelos. (Das bist du übrigens auch, wenn du mit einem Lift oder einem Flugzeug absackst.)

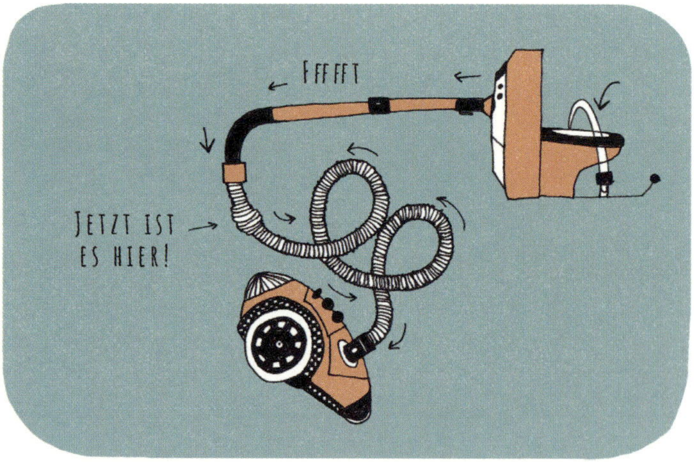

- Dank der Gewichtslosigkeit schwebt in einem Raumschiff alles, auch wenn man auf die Toilette geht. Das nervt natürlich, schließlich möchte niemand gern von schwebendem Urin oder Kot getroffen werden.

- Glücklicherweise haben sich ein paar schlaue Köpfe einen Spezialstaubsauger ausgedacht, der das Problem löst. Männliche Astronauten setzen sich eine Art Staubsaugerschlauch auf ihr Glied, der den Urin absaugt. Für das große Geschäft und für weibliche Astronauten wurde ein spezieller Toilettentopf entwickelt, mit dem ebenfalls eine Art Staubsauger verbunden ist.

- Das klingt einfacher, als es tatsächlich ist. Die Astronautin muss nämlich erst einmal dafür sorgen, dass sie passgenau auf dem Topf sitzt. Sie schwebt also darauf zu (es gibt ja keine Schwerkraft) und schnallt sich dann mit einem Spezialgurt fest. Und dann darf sie auf keinen Fall vergessen, den Sauger einzuschalten, denn sonst entwischt das große oder kleine Geschäft sofort nach oben, sobald sie die Toilette verlässt.

- Manchmal müssen die Astronauten auch außerhalb des Raumschiffs arbeiten. Für den Fall haben sie dann eine Windel an. An was Astronauten so alles denken müssen!

59 ALLE BAKTERIEN DER ERDE ZUSAMMEN WIEGEN MEHR ALS ALLE SÄUGETIERE

- Bakterien bestehen aus nur einer Zelle und werden darum »einzellige Organismen« genannt. Obwohl Bakterien sehr klein sind (0,005 bis 0,001 Millimeter) und man sie mit bloßem Auge nicht sehen kann, sind sie wirklich überall.

- Oft denken die Menschen, dass Bakterien nur die fiesen kleinen Biester sind, die uns krank machen, aber das ist nicht so. Bakterien sind in der Luft, im Wasser, im Boden und überall in unserem Körper. Und das nicht ohne Grund: Wir brauchen sie, um zu überleben.

- Die Bakterien auf deiner Haut bilden zum Beispiel die Hautflora. Die guten Bakterien, die da wohnen, sorgen dafür, dass die schlechten keine Chance bekommen, sich dort festzusetzen. Sie funktionieren also wie ein Schutzschild und helfen dabei, deine Haut gesund zu erhalten.

Bonuswissen Bakterien:

Wusstest du, dass man mit bestimmten Bakterien die Straße beleuchten kann? Zurzeit gibt es Untersuchungen mit besonderen Bakterien, die aus Tintenfischen stammen und Licht abgeben.
Für die Versuche werden sie mit Spezialfutter in durchsichtige Tüten gesteckt. Drei Tage lang können die Bakterien Licht geben.

- Auch in unserem Darm wimmelt es nur so von guten Bakterien, die alle zusammen die Darmflora bilden. Sie halten die schlechten Bakterien von der Darmwand fern und helfen dir dabei, dein Essen zu verdauen. Das funktioniert so: Zum Verdauen muss die Nahrung in kleine Stücke zerteilt werden. Dafür sorgen Stoffe – Enzyme –, die in den Darm abgegeben werden. Dein Darm kümmert sich darum, dass die Nahrung als Energie und als Rohstoff in deinem Körper landet. Bakterien haben zwar selbst keinen Darm, aber sie scheiden Enzyme aus. Einen Teil davon nutzen sie für ihre eigene Verdauung, aber der Rest hilft uns dabei, unser Essen zu verdauen.

- Bakterien leben also überall um uns herum und sollten uns keine Angst machen. Alle Bakterien auf der Erde zusammengenommen wiegen mehr als alle Säugetiere. Wenn sie alle böse wären, wäre die Menschheit schon längst ausgestorben.

Weltall

60 WIR WAREN SCHON ÖFTER IM WELTRAUM ALS IN DER TIEFSEE

Ungefähr 385 000 Kilometer ist der Mond von der Erde entfernt. Das ist ganz schön weit. Trotzdem sind bis jetzt schon zwölf Astronauten auf dem Mond herumspaziert und noch viel mehr zu verschiedenen Raumstationen gereist.

Da sich die Tiefsee hier bei uns auf der Erde befindet, sollte man meinen, dass inzwischen schon eine ganze Menge Leute dort vorbeigeschaut haben. Ist aber nicht so.

- Nicht einmal ein Zehntel aller Ozeane auf der Erde ist bis heute erforscht. Das ist aber auch nicht verwunderlich, wenn man bedenkt, dass über 70 % der Erde von Wasser bedeckt sind.

- Im Durchschnitt sind die Ozeane 4300 Meter tief.

Meer

- Die allertiefste bekannte Stelle liegt 10 900 Meter unter dem Meeresspiegel. Sie heißt Challenger Deep, nach dem Forschungs-U-Boot, mit dem sie entdeckt wurde: die Deepsea Challenger. Die Challenger Deep ist eine Schlucht im Mariannengraben im Pazifischen Ozean.

- Angeblich soll es einen noch tieferen Punkt geben, das Witjastief, das von dem russischen Forschungsschiff Witjas gemessen wurde. Weil diese Tiefe aber nur ein einziges Mal gemessen wurde, ist sie umstritten. Die Messung wurde mit einem Sonargerät durchgeführt, das mit einem Tau vom Schiff heruntergelassen wurde.

- Die Fachleute staunten, als sie so tief im Meer noch Lebewesen vorfanden. Dort unten schwammen ein paar ganz seltsam aussehende Fische herum, und sogar Garnelen krochen über den felsigen Meeresboden. Grund genug also, um öfter mal dort vorbeizuschauen.

61 ES IST EIN MÄRCHEN, DASS DAS BADEWASSER AUF DER NORDHALBKUGEL ANDERSHERUM ABLÄUFT ALS AUF DER SÜDHALBKUGEL

Vielleicht hast du auch schon mal die Behauptung gehört, dass die Wirbel des ablaufenden Wassers sich auf der nördlichen Erdhalbkugel entgegen dem Uhrzeigersinn drehen und auf der südlichen Halbkugel mit dem Uhrzeigersinn. Das soll mit der Corioliskraft zusammenhängen.

Deren Effekt ist aber so gering, dass er allein auf großen Strecken Einfluss hat. Er führt dazu, dass Meeresströmungen und Winde auf der Erde abgelenkt werden und spiralförmige Strudel entstehen.

In der Badewanne und im Waschbecken ist die Corioliskraft aber viel zu schwach, um etwas zu bewirken.

Trotzdem verdienen sich gerissene Geschäftemacher am Äquator ein paar Cents dazu, indem sie Touristen mit diesem Schwindel an der Nase herumführen. Sie demonstrieren ihnen, dass das Wasser auf dem Äquator angeblich ohne Wirbel abläuft. Ein paar Meter weiter bildet es dagegen Wirbel. Aber das ist nur getrickst, und du weißt es jetzt besser!

62 MIT EINER PRISE SALZ IM WASSER KÜHLT DEIN GETRÄNK SCHNELLER

Willst du eine Dose oder Flasche Limo schneller abkühlen lassen? Dafür gibt es einen einfachen Trick.

Fülle eine Schüssel mit Wasser und Eiswürfeln, und füge eine kleine Handvoll Salz hinzu. Leg dann die Dose in das eisgekühlte Wasser, und rühre das Ganze um. Warte zwei Minuten. Dein Getränk wird eiskalt sein.

Wie kann das sein? Salz lässt das Eis schneller schmelzen. Doch dafür braucht es Energie aus einer anderen Wärmequelle. Die holt es sich aus der Dose oder Flasche und zieht so die Wärme heraus.

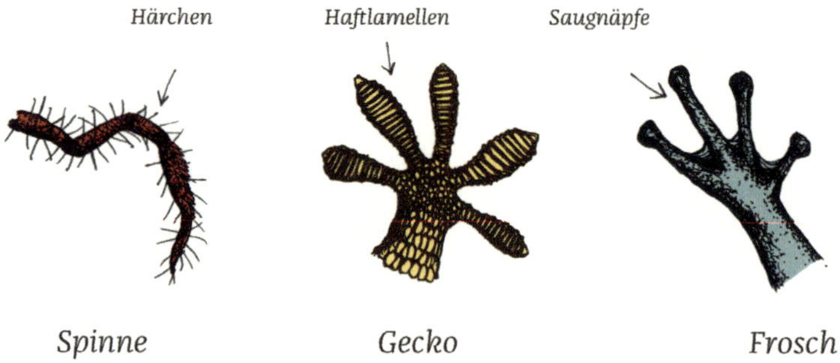

63 UM AN DER DECKE ZU LAUFEN, BRAUCHT SPIDERMAN SCHUHGRÖSSE 145

Bist du auch manchmal neidisch auf all die Spinnen, Frösche und Geckos, die mühelos an der Decke laufen? Das können sie, weil sie sich mit ihren Füßen festsaugen. Je größer ein solches Tier, desto größer ist auch die Fläche seiner Fußsohlen. Tiere, die größer sind als ein Gecko, können nicht an der Decke laufen. Um Spiderman zu werden, bräuchtest du Schuhgröße 145.

Bei Geckos sitzen unter den Sohlen kleine Saugkissen, die »Haftlamellen« genannt werden. Mit denen können sie so gut wie jede Fläche erklimmen. Forschende haben lange gebraucht, um herauszufinden, wie die Geckos das anstellen. Dann entdeckten sie, dass aus den Lamellen kleine Hafthärchen herausragen. Die Moleküle an den Hafthärchen und die Moleküle der Oberfläche, auf der der Gecko läuft, ziehen sich gegenseitig an. Das nennen wir die Van-der-Waals-Kräfte. Die erlauben dem Gecko, sich festzusaugen. Leider kann der Gecko die Kraft nicht selbst aussetzen, sondern muss seine Füße in einem bestimmten Winkel drehen, um wieder loszukommen. Zum Glück wissen aber alle Geckos, wie das geht.

64 NUR MENSCHEN TANZEN

»Stimmt doch gar nicht!«, rufst du jetzt. »Ich habe schon von Tanzbären gehört!«

- Das kann schon sein, aber Bären tanzen nicht von allein. Sie lernen es nur, wenn sie eine Belohnung dafür bekommen. Kein Bär wird sich automatisch zum Rhythmus bewegen, wenn er Musik hört. Noch nicht einmal Menschenaffen wie Bonobos und Schimpansen tanzen. Tiere lassen sich also vom Rhythmus der Musik nicht beeindrucken.

- Menschen tanzen natürlich schon. Das liegt wahrscheinlich daran, dass Tanzen in unserem Gehirn einen Stoff freisetzt, der uns glücklich macht. Dieser Stoff heißt Endorphin. Er macht uns fröhlicher und zufriedener.

- Tanzen erlaubt uns Menschen auch, einander näherzukommen. Es ist ein bisschen so wie bei Menschenaffen, die sich gegenseitig das Fell pflegen. Wer tanzt, ist nicht gefährlich und lässt sich ein bisschen gehen. Tanzen ist also eine sehr soziale Tätigkeit.

Ey, Macarena

65 WER SICH VERIRRT HAT, LÄUFT IM KREIS

Man sieht es manchmal in Zeichentrickfilmen: Jemand hat sich verlaufen und rennt dann wie ein kopfloses Huhn im Kreis herum. Witzigerweise tun wir Menschen das wirklich. Wer sich etwa in einem Schneesturm oder in dichtem Nebel verläuft, irrt im Kreis herum.

Daran ist unser Gehirn schuld. Forschende haben Testpersonen in der Wüste und im Wald ausgesetzt und sind ihnen dann mit einem GPS-Gerät gefolgt. Während die Sonne schien, liefen die Personen ordentlich geradeaus. Aber sobald sie weg war, fingen alle an, im Kreis zu laufen. Immer wieder kamen sie, ohne es selbst zu merken, zum selben Punkt zurück. Mit verbundenen Augen geht es noch schneller. Dann laufen Menschen Runden von nur knapp zwanzig Metern.

Ohne Orientierungspunkte haben wir Menschen kaum ein Gefühl für Richtungen. Um den Weg zu finden, vertrauen wir stark auf unsere Augen. Ganz anders als Tauben, die jederzeit mühelos den Weg zu ihrem Schlag finden.

66 BLAUES BLUT GIBT ES WIRKLICH

Von Königen und Königinnen wird manchmal gesagt, dass blaues Blut durch ihre Adern fließt. Das ist aber nicht wahr. Könige, Königinnen, Prinzen, Prinzessinnen und alle anderen Adeligen haben rotes Blut, genau wie du und ich. Wenn du sie das nächste Mal triffst, kannst du ja fragen, ob du ihnen mal in den Finger piksen darfst. Dann siehst du es sofort. Aber woher kommt dann das Gerücht?

Die Farbe Blau galt schon immer als etwas Besonderes.

- In vielen Kulturen signalisiert sie, dass jemand wichtiger ist als der Rest. Adelige Frauen und Männer trugen früher blaue Kleidung, um zu zeigen, wie bedeutend sie waren, aber auch in der Kirche wurde zum Beispiel die Marienfigur mit einem blauen Mantel versehen.

- Aber es gibt noch andere Erklärungen. Die Adeligen mussten nicht auf dem Feld arbeiten, wodurch sie auch seltener in die Sonne kamen. Darum waren sie viel blasser als die anderen Menschen, und unter ihrer Haut waren die bläulichen Adern deutlicher zu sehen.

- Außerdem benutzten die Adeligen viele Gegenstände aus Silber. Dieses Metall kann, wenn man viel Kontakt damit hat, einen blauen Schimmer verursachen.

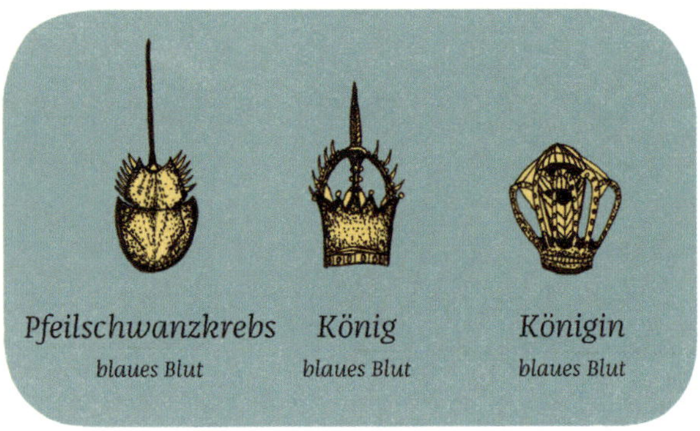

Menschen haben also kein blaues Blut. Die Adern, die man direkt unter der Haut sieht, mögen vielleicht blau aussehen, aber das hat nichts zu bedeuten. Das liegt einfach daran, dass unsere Haut nur die blaue Farbe durchscheinen lässt, aber das Rot zurückhält. Die rote Farbe in unserem Blut wird durch einen Stoff namens Hämoglobin verursacht, der sicherstellt, dass der Sauerstoff, den wir einatmen, jede Zelle unseres Körpers erreicht.

Es gibt aber sehr wohl Tiere mit blauem Blut, darunter Tintenfische und Pfeilschwanzkrebse. Die Kraken zum Beispiel, die in der bitterkalten Antarktis leben, haben blaues Blut, weil darin spezielle Stoffe enthalten sind, durch die sie viel mehr Sauerstoff aufnehmen können. Ohne den Extrasauerstoff könnten sie nicht überleben.

Bonusinfo Blaublütigkeit:

Es kann übrigens gut sein, dass dir schon einmal ein Pfeilschwanzkrebs das Leben gerettet hat. Sein Blut wird nämlich benutzt, um verschiedene Medikamente und Impfstoffe zu testen. Das blaue Blut ist deshalb so besonders, weil es keine Abwehrstoffe enthält. Dafür enthält es aber einen anderen Stoff, LAL, der bakterien- oder virenverseuchtes Blut gerinnen lässt. Wenn man herausfinden will, ob eine Medizin oder ein Impfstoff verunreinigt ist, spritzt man LAL hinein. Wenn es nicht gerinnt, ist alles in Ordnung.

67 BEI HELLIGKEIT MÜSSEN WIR NIESEN

Die meisten Menschen reagieren auf grelles Licht, indem sie ihre Augen schließen, aber eine von vier Personen reagiert mit Niesen. Das nennt man den photischen Niesreflex.

- Schon Aristoteles wusste, dass der Blick in die Sonne ein Niesen auslösen kann. Er glaubte, es liegt daran, dass die Sonne die Nase erwärmt.
- Francis Bacon, ein Wissenschaftler des 17. Jahrhunderts, musste beim Blick in die Sonne nur niesen, wenn er die Augen offen hielt. Ihm zufolge ließ die Sonne seine Augen tränen, wodurch seine Nase gekitzelt wurde.
- Inzwischen wissen wir, dass der Gesichtsnerv, der für unsere Sinneswahrnehmungen zuständig ist, dahintersteckt. Durch unsere Augen fällt das Licht ein, worauf ein Signal an unser Gehirn gesendet wird. Doch irgendwo zwischen den Augen und dem Gehirn geht etwas schief. Das Gehirn denkt, dass anstelle der Augen die Nase gekitzelt wurde. Darauf reagiert es mit dem Niesreflex.
- Der Niesreflex wird vor allem dann ausgelöst, wenn man vom Dunkeln ins Licht geht. Meist müssen wir nur ein- oder zweimal niesen, aber manche Menschen niesen bis zu vierzigmal.

photischer Niesreflex

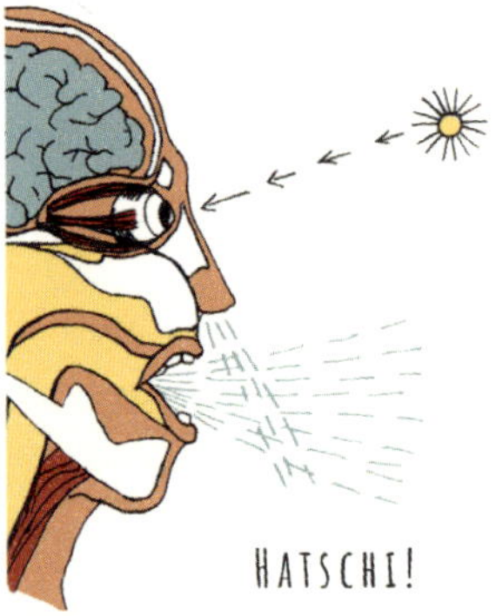

Extra-Nies- und -Nasenwissen:

Wenn du lügst, wird deine Nase zwar nicht länger, aber sehr wohl wärmer. Wenn du dich schuldig fühlst, strömt nämlich mehr Blut in bestimmte Regionen deiner Nase. Zwar kann man das nicht sofort sehen oder fühlen, aber man kann es messen. Das ist der Grund, warum sich Menschen, die lügen, oft an die Nase fassen.

68 MENSCHEN AUS PATAGONIEN UND AUS WALES KÖNNEN EINANDER VERSTEHEN

Walisisch ist eine keltische Sprache mit einer sehr eigentümlichen Aussprache und Schreibweise. Sie wird weltweit von ungefähr 800 000 Menschen gesprochen, von denen die meisten in Wales in Großbritannien leben.

Doch auch im argentinischen Patagonien leben zwischen 5000 und 12 000 Menschen, die Walisisch sprechen. Das sind die Nachfahren der Waliser, die um 1865 nach Argentinien auswanderten.

Noch bis heute werden Lehrkräfte aus Wales nach Argentinien geschickt, um dort Sprachunterricht zu geben. Zurzeit gibt es in Patagonien drei zweisprachige walisisch-spanische Schulen.

Zwar sprechen die Menschen aus Wales und aus Patagonien leicht unterschiedliche Dialekte, aber sie können einander trotzdem bestens verstehen.

69 EIN BARBAR WAR JEMAND, DER EINE FREMDE SPRACHE SPRACH

Mit »Barbar« meinen wir normalerweise einen Menschen, der sich ungehobelt benimmt.

- Der Ausdruck stammt von den alten Griechen. Sie nannten Fremde *barbaros.* Damit meinten sie das Geräusch, das jemand machte, der kein Griechisch sprach, also einfach nicht zu verstehen war. Mit dem Wort »bar-bar-os« äfften sie die Laute des Fremden nach. Solche nachahmenden Wörter nennt man »Onomatopoetika«.

- Auch die Römer benutzten das Wort später, allerdings schrieben sie es anders. Bei ihnen gab es den *barbarus.* Das war jemand, dessen Sprache und Kultur sie einfach nicht verstanden. Man konnte also noch so gebildet sein und trotzdem zum Barbaren erklärt werden.

- Inzwischen hat das Wort »Barbar« eine völlig andere Bedeutung angenommen. Es meint jemanden ohne Geschmack, der von Kunst und Kultur nichts versteht oder der keinen Respekt vor anderen Menschen hat. Also überleg es dir gut, bevor du jemanden einen Barbaren nennst!

70 BEYONCÉ WAR NAMENSPATIN FÜR EINE FLIEGE

Mit vollem Namen heißt sie *Scaptia beyonceae* oder einfach Beyoncé-Fliege. Es handelt sich um eine Bremse oder Pferdefliege, die in Australien heimisch ist. Das Hinterteil der Fliege ist mit einer Schicht leuchtend goldener Härchen bedeckt. Wahrscheinlich inspirierte das den Entdecker dazu, das Insekt nach der bekannten Sängerin Beyoncé Knowles zu benennen.

Die südamerikanische Sängerin Shakira wiederum stand Namenspatin bei einer Wespenart: *Aleiodes shakirae*. Diese Wespe ist ein Parasit, der seine Eier im Körper einer Raupe ablegt. In ihrem Abwehrkampf krümmt sich die Raupe wie in einem Zwangs-Bauchtanz, der die Fachleute an Shakira erinnerte.

Auch Barack Obama war für Forschende eine große Inspiration. Nach ihm benannten sie unter anderem zwei Spinnen (*Aptostichus barackobamai* und *Spintharus barackobamai*), einige Fische (*Etheostoma obama*, *Tosanoides obama* und *Teleogramma obamaorum*), einen Pferdehaarwurm (*Paragordius obamai*), einen Vogel (*Nystalus obamai*) und eine Biene (*Lasioglossum obamai*). Sogar ein ausgestorbenes Reptil wurde nach dem ehemaligen amerikanischen Präsidenten benannt: das *Obamadon gracilis*.

Scaptia beyonceae

Du hättest auch gern ein nach dir benanntes Tier? Dann solltest du am besten Biologin oder Biologe werden und versuchen, einen möglichst wichtigen Beitrag zur Wissenschaft zu leisten. So hast du die besten Chancen, dass ein neu entdecktes Tier deinen Namen bekommt.

71 EINE INSEL NAMENS BIKINI

Der Bikini wurde 1946 von dem französischen Modedesigner Louis Réard erfunden. Vorher hatte es nur einteilige Badeanzüge gegeben. Viele Menschen hielten anfangs nichts von der neuen Bademode. Viel zu nackt!

Zu der Zeit wurden auf der Pazifikinsel Bikini Atombombentests durchgeführt. Von den schrecklichen Tests hatte natürlich jeder gehört. Louis Réard beschloss also, seine neue Erfindung »Bikini« zu nennen, um den zwei Stoffteilen zusätzliche Aufmerksamkeit zu verschaffen.

Außerdem erklärte er, dass das »bi« im Namen auf das lateinische Wort für »zwei« verwies. Schließlich war das neue Kleidungsstück ein Zweiteiler. Später kam dann auch der Monokini, der nur noch aus einer Badehose bestand, die bis zu den Rippen reichte, und zwei Trägern. Die Brüste blieben dabei unbedeckt. Als er 1964 erstmals präsentiert wurde, war der Monokini eigentlich nur als Modegag gedacht. Der moderne Monokini ist ein Badeanzug, der zwar einen tiefen Ausschnitt hat, aber die Brüste der Trägerin bedeckt.

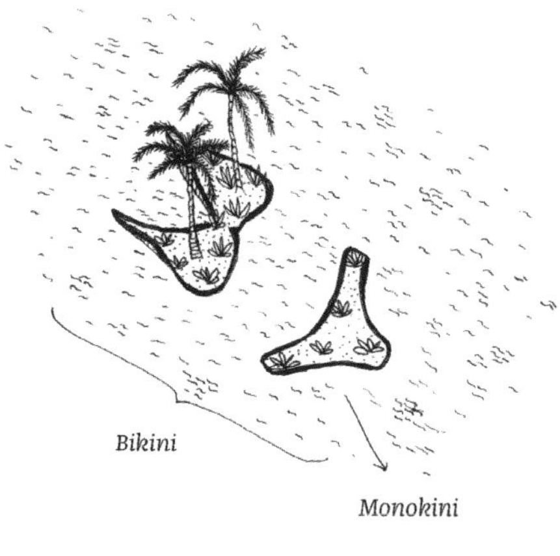

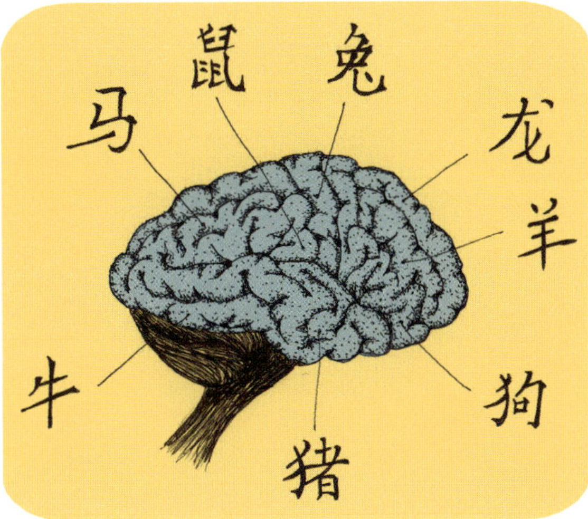

72 FÜR CHINESISCH BRAUCHST DU EIN PHÄNOMENALES GEDÄCHTNIS

In der chinesischen Sprache gibt es unglaubliche 106 230 Schriftzeichen. Jedes Zeichen stellt einen eigenen Gegenstand oder einen abstrakten Gedanken dar. Die chinesische Schrift wird deshalb auch »Bilderschrift« genannt. Zum Glück braucht man zum Zeitunglesen oder für andere alltägliche Zwecke »nur« etwa 3000 dieser Zeichen.

In unserem Alphabet brauchen wir nur 26 Buchstaben, um alle Wörter, die wir kennen, aufzuschreiben. Das nennt man eine »Buchstabenschrift«, bei der jeder Buchstabe für einen bestimmten Laut steht.

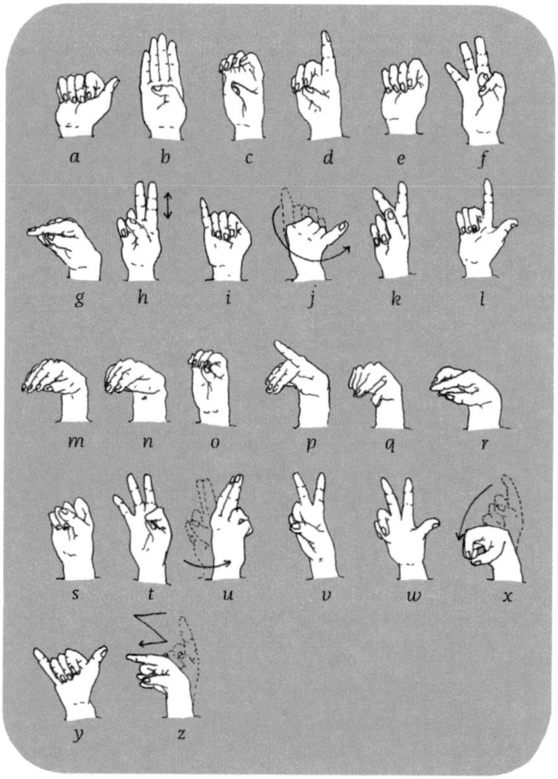

73 DIE GEBÄRDENSPRACHE IST NICHT ÜBERALL GLEICH

Viele gehörlose Menschen benutzen die Gebärdensprache, um zu kommunizieren.

- Die Gebärdensprache ist nicht überall auf der Welt gleich. Nur ungefähr 60 % der Gebärden, die gehörlose Menschen benutzen, sind in fast allen Ländern identisch.

- Auch in der Gebärdensprache kann man rufen oder flüstern:
  - Zum Rufen richtet man sich auf und macht große Gebärden. Statt nur die Hand zu benutzen, verwendet man den ganzen Arm.
  - Und man flüstert, indem man die Hand vor den Brustkorb hält und die Bewegungen so klein wie möglich ausführt.

74 WIR BENUTZEN NOCH IMMER WÖRTER AUS JULIUS CÄSARS ZEITEN

Vor langer Zeit, als sich das Römische Reich über einen großen Teil der Welt erstreckte, war Latein eine Weltsprache. Um sich zu verständigen, sprachen die Herrscher Latein miteinander. Manche der Wörter von damals werden heute noch gebraucht.

I DICTATOR
II CAMPVS
III EXIT
IV CASEVS
V CASTELLVM
VI VIA STRATA
VII CAMERA

- *Diktator* bedeutet wörtlich: »Der, der spricht«. Denk nur an das Wort »Diktat«, bei dem die Lehrerin oder der Lehrer etwas vorspricht und du mitschreiben musst. Bei den Römern war ein Diktator eine wichtige Person. Erst später wurde daraus jemand, der sich zum Alleinherrscher aufspielt.

- Ein *Campus* war zu römischen Zeiten ein Feld oder ein offener Platz. Heute meinen wir damit das Gelände um eine Universität.

- Liest du irgendwo das Wort »Exit«? Dann weißt du sofort, dass da der Ausgang ist. Auf Latein bedeutete *exit*: »er oder sie geht raus«.

- Manchmal finden wir lateinische Wörter in unserem alltäglichen Wortschatz wieder. Da wären zum Beispiel Käse *(caseus)*, Fenster *(fenestra)*, Straße *(via strata)* oder Körper *(corpus)*.

75 DIE BERÜHMTESTE ENTE DER WELT HEISST ÜBERALL ANDERS

Du kennst ihn einfach als Donald Duck. Das ist auch der Originalname, den Walt Disney der lustigen Ente gab. In vielen anderen Ländern aber wird der Name übersetzt. Und welcher gefällt dir am besten?

- Italien: Paperino
- Spanien: El Pato Donald
- Schweden: Kalle Anka
- Dänemark: Anders And
- Finnland: Aku Ankka

Auch Micky Maus (engl. Mickey Mouse) bekommt dort einen anderen Namen:

- Finnland: Mikki Hiiri
- Italien: Topolino
- Schweden: Musse Pigg

76 MANCHE MENSCHEN VERSCHLINGEN BÜCHER

Wortwörtlich. Sie essen ein ganzes Buch.

- Das nennt man Bibliophagie. Früher wurden Menschen manchmal sogar dazu gezwungen, denn Bibliophagie war eine Strafe. Wenn jemand ein Buch über Religion oder Politik schrieb, waren die Machthaber damit oft nicht einverstanden. Zur Strafe ließen sie den Autor sein Buch aufessen.

- Dann gibt es die Biblioklasten, die unbedingt Bücher zerstören wollen. Wahrscheinlich sind sie mit dem Inhalt eines bestimmten Buches nicht einverstanden und wollen es deshalb verschwinden lassen. Der Drang ist so stark, dass sie es tun, ohne darüber nachzudenken. Oft haben es Biblioklasten auf die Bibel oder andere religiöse Schriften abgesehen.

- Der Bibliokleptoman wiederum ist jemand, der Bücher stiehlt, ohne dass er etwas dagegen tun kann.

- Zum Glück gibt es aber auch viele Bibliophile. Das sind Menschen, die Bücher lieben, sammeln und sich gut um sie kümmern.

77 MAMMUTBÄUME WERDEN SO GROSS WIE EIN HOCHHAUS MIT 25 STOCKWERKEN

Der Riesenmammutbaum wächst in Kalifornien, einem Bundesstaat im Westen der USA. Diese Bäume können bis zu 75 Meter groß und fast 2000 Tonnen schwer werden. Damit ist der Riesenmammutbaum, fachsprachlich *Sequoiadendron giganteum* genannt, das größte Lebewesen der Erde.

- Der allergrößte Mammutbaum misst 83,8 Meter, steht im Sequoia Nationalpark in Kalifornien und hat sogar einen Namen: General Sherman. Sein Stamm hat einen Durchmesser von 7,7 Metern. General Sherman ist wahrscheinlich 2300 bis 2700 Jahre alt und damit nicht nur der größte, sondern auch der älteste Mammutbaum.

- Im 19. Jahrhundert schlugen Menschen manchmal Tunnel in die Stämme von Mammutbäumen, um Wagen durchfahren zu lassen. Das passiert heute zum Glück nicht mehr, aber einige alte Tunnel kann man in den Parks noch besichtigen.

- Die Rinde des Mammutbaums kann stolze 90 Zentimeter dick werden. Wenn im Wald ein Brand ausbricht, wird die Rinde zwar beschädigt, aber der Baum selbst würde kein Feuer fangen. Manchmal sind Brände sogar notwendig für diese Bäume, denn ihre Samen fallen nur bei großer Hitze zu Boden.

- Der Riesenmammutbaum ist zwar der größte Baum auf der Erde, aber nicht der höchste. Diese Ehre wird dem Küstenmammutbaum zuteil, der auch in Kalifornien wächst und bis zu 115,5 Meter hoch werden kann. Das ist höher als die meisten Wolkenkratzer!

78 ES GIBT EINE BLUME, DIE NACH DEM TOD STINKT

Die meisten Blumen haben einen tollen Duft, aber auf die *Rafflesia arnoldii* oder Riesenrafflesie trifft das nicht zu.

Diese Pflanze lebt im Dschungel von Südostasien. Sie wächst als Parasit auf Lianen.

- Sie bringt riesige rotbraune Blüten mit weißen Tupfern hervor – die allergrößte alleinstehende Blüte, die es auf der Erde gibt. Sie kann elf Kilo wiegen, und ihr Durchmesser beträgt bis zu einem Meter. Sie verbreitet einen Geruch, der an verfaulendes Fleisch erinnert. Der furchtbare Geruch zieht Aasfliegen an, die für die Bestäubung der Pflanzen sorgen sollen.

- Die Bestäubung ist aber alles andere als einfach, denn dafür sind eine männliche und weibliche Blume nötig, die zur selben Zeit blühen. Hinzu kommt, dass die Blüten nur fünf bis sieben Tage leben. Die Chancen auf Vermehrung stehen also ziemlich schlecht. Weil außerdem große Teile des Waldes, in dem diese Blumen vorkommen, infolge von Abholzung allmählich verschwinden, ist die Chance, dass eine männliche und eine weibliche Blume nah beieinander gleichzeitig blühen, noch kleiner. Darum ist die Riesenrafflesie inzwischen leider fast ausgestorben.

Rafflesia arnoldii

79 TOMATEN SIND DIE FRÜCHTE EINER GIFTPFLANZE

Tomaten sind gesund. Aber von der Pflanze, an der diese roten Früchte wachsen, solltest du besser die Finger lassen.

- Die Tomate gehört zur Familie der Nachtschattengewächse. Ihr Stängel und ihre Blätter enthalten Solanin, manchmal auch Tomatin genannt. Das ist ein Gift, das die Pflanze produziert, um sich gegen allerlei Krankheitserreger zu schützen. Das Gift kann auch Menschen schaden.

- Unreife Tomaten enthalten noch eine kleine Menge an Gift, doch wenn die Tomate rot, saftig und süß ist, ist es verschwunden.

- Wie die Tomatenpflanze sind auch die Pflanzen von Kartoffel, Aubergine und Paprika giftig.

- Solanin ist nur in größeren Mengen giftig für uns, aber es kann Bauchschmerzen und Durchfall verursachen oder uns sehr schläfrig machen. Wenn du nur reife Tomaten benutzt, brauchst du dir überhaupt keine Sorgen zu machen und kannst gefahrlos weiter Spaghetti mit Tomatensoße genießen.

80 IM KORALLENRIFF WIRD HEFTIG GEKNUTSCHT

Korallen bestehen aus Milliarden winzig kleiner Tiere, sogenannten Polypen. Sie leben in großen Kolonien auf dem Meeresboden. So eine Kolonie wird »Korallenriff« genannt.

- Vor Kurzem hat man entdeckt, dass Polypen nachts ihre Münder aneinanderdrücken, so als würden sie heftig herumknutschen. Wahrscheinlich tun sie das, um Nährstoffe und andere wichtige Stoffe auszutauschen.

- Das haben Forschende zum ersten Mal im Golf von Akaba durch ein spezielles Unterwassermikroskop beobachtet, das viel genauer ist als alle Mikroskope, die zuvor benutzt wurden.

- Aber Korallen knutschen nicht nur. Ab und zu kämpfen sie auch miteinander. Wenn fremde Korallen ihnen zu nahe kommen, fühlen sie sich bedroht. Dann stülpen ihre Polypen feine Fäden aus ihrem Verdauungsorgan heraus, die bestimmte Stoffe, sogenannte Enzyme, abgeben. Die ätzenden Enzyme greifen die fremde Koralle an und können sie zerstören. So etwas passiert aber nur zwischen Korallen verschiedener Arten. Korallen können also Freund und Feind voneinander unterscheiden.

81 SCHLAFEN BÄUME NACHTS?

Unglaublich, aber wahr: Bäume lassen nachts die Zweige hängen und scheinen regelrecht einzudösen. Man sieht, dass sie wieder »wach« sind, wenn sie ihre Zweige aufrichten.

tagsüber

nachts

Natürlich muss man genau hingucken, um es mitzubekommen. Ein fünf Meter hoher Baum lässt seine Zweige etwa zehn Zentimeter absacken. Das ist mit bloßem Auge kaum zu sehen. Österreichische und finnische Fachleute haben spezielle Scanner benutzt, mit denen sie die kleinsten Bewegungen des Baums messen konnten. Dabei entdeckten sie, dass der Baum seine Äste jeden Abend ein kleines Stück herunterhängen ließ. Kurz vor Sonnenaufgang hingen die Äste am tiefsten. Am Morgen ragten sie dann aber wieder stolz in die Höhe.

Wahrscheinlich schlafen die Bäume aber nicht wirklich. Das Phänomen hat vermutlich mit dem Saftstrom zu tun. Im Dunkeln schließen sich die Spaltöffnungen der Bäume, und die Spannung in den Ästen und Zweigen lässt nach. Sobald es hell wird, gehen die Spaltöffnungen der Bäume wieder auf. Das Wasser verdampft aus den Blättern und die Wurzeln ziehen neues Wasser aus dem Boden. So scheint es, als würde der Baum wach sein und schlafen.

82 ORANGEN WACHSEN NICHT IN FREIER NATUR

Der Mensch hat die Orange erfunden. Irgendwann kam ein schlauer Obstzüchter auf die Idee, eine Mandarine mit einer Pampelmuse zu kreuzen. Dabei kam die Orange heraus. Die Orange war allerdings grün statt orange. An vielen Orten der Welt werden auch heute nur grüne Orangen verkauft.

Eine Orange bekommt dann eine orange Farbe, wenn sie in einem nicht zu heißen Klima wächst. Sobald die Temperatur fällt, wird die Schale orange. In warmen Ländern wie Honduras bleiben Orangen grün. Wenn die Honduraner ihre Orangen in westliche Länder verkaufen, werden sie durch die Behandlung mit dem unschädlichen Gas Ethylen künstlich orange gemacht. Die grüne Farbe verschwindet, und schwups: haben wir unsere orange Orange.

Pampelmuse *Mandarine* *Orange* + C_2H_4

83 IN AFRIKA GIBT ES GEHEIMNISVOLLE KREISE

Die Einwohner von Namibia und Südafrika entdecken manchmal seltsame Kreise im Gras. Die stammen aber nicht von außerirdischen Wesen, sondern wahrscheinlich von superschlauen Sandtermiten.

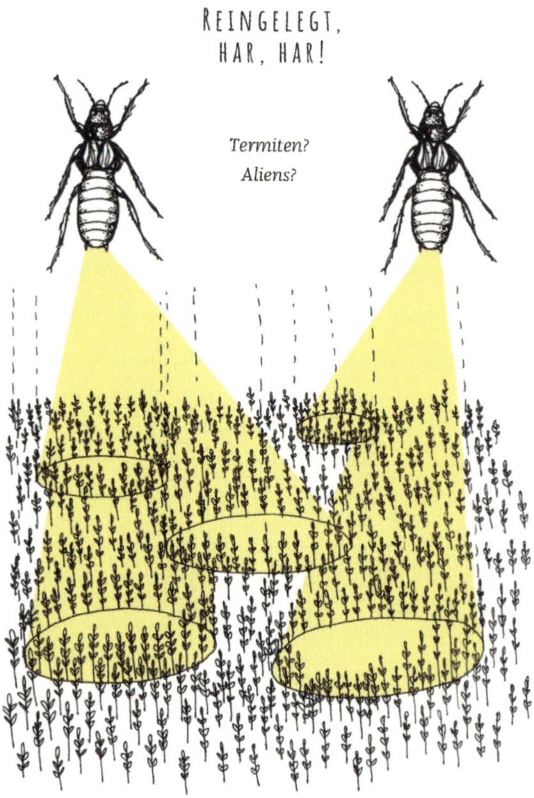

Die Termiten knabbern an den Wurzeln junger Pflanzen, bis die Pflanzen sterben. So entstehen kahle runde Stellen im Gras.

Das ist ziemlich schlau durchdacht von den Termiten, denn so kann das Wasser, wenn es regnet, durch den kahlen Boden nach unten sickern. Auf diese Weise legen sich die Termiten einen praktischen Wasservorrat an. Das Wasser sorgt dafür, dass das Gras am Rand des kahlen Kreises stärker wächst. Und das wiederum bringt Samen, an denen sich die Termiten satt essen können.

Doch die Termiten sind vielleicht nicht die einzigen Verursacher der Kreise. Einige der kleineren Kreise könnten auch von den Pflanzen selbst stammen, die untereinander um Wasser kämpfen und es mit ihren langen Wurzeln aus dem Grund ziehen.

Bei der Kreisfrage wird es also noch eine Weile rundgehen.

84 IN DEN TROPEN WACHSEN GIGANTISCHE SEEROSEN

Kennst du die *Victoria amazonica*, auch Amazonas-Riesenseerose genannt?

- Das Blatt dieser Seerose hat einen hochgewölbten Rand und kann einen Durchmesser von gut zwei Metern erreichen. Die Blätter hängen an acht Meter langen Stängeln.

- So ein Blätterboot kann bis zu vierzig Kilo Gewicht tragen. Vielleicht kannst du ja selbst auf einem stehen!

- Die Blüten der Seerose werden bis zu vierzig Zentimeter groß. Jede Blüte blüht zwei Nächte lang. In der ersten Nacht kommt die weiße Blüte zum Vorschein. Die zieht Käfer an, die für die Bestäubung sorgen. Tagsüber schließt sich die Blüte wieder. Wenn sie in der darauffolgenden Nacht ihre Blütenblätter wieder öffnet, ist sie rosa gefärbt.

- Die Amazonas-Riesenseerose kommt nur in stillen oder sehr langsam strömenden Gewässern vor. Sie wächst in Bolivien, Brasilien, Guyana und Peru.

- In Deutschland und Österreich kannst du die Seerose in verschiedenen botanischen Gärten bewundern.

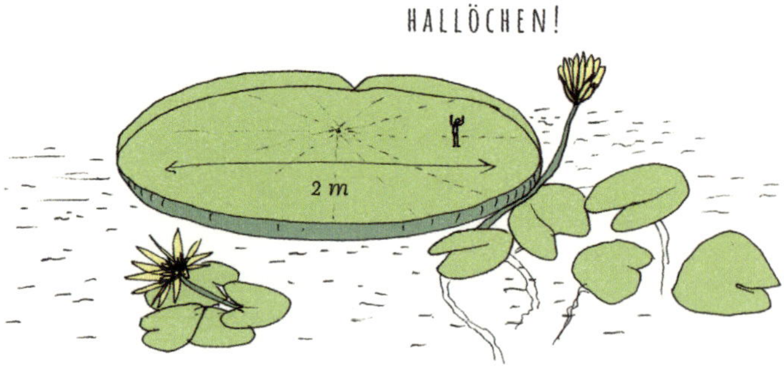

85 DER TEUERSTE KAFFEE IST AUS KATZENKOT

Wusstest du, dass *Kopi Luwak*, oder ganz allgemein Kaffee aus Katzenkot, 150 bis 500 Euro kosten kann?

- Normalerweise werden Kaffeebohnen getrocknet, geröstet und dann gemahlen. Anschließend kann man Kaffee daraus machen.

- Bei Kopi Luwak läuft die Ernte der Bohnen auf etwas ungewöhnliche Weise ab. *Luwaks* oder Fleckenmusangs aus der Familie der Schleichkatzen fressen Kaffeebohnen. In ihrem Darm wird die Frucht selbst verdaut, aber der Kern, also die Kaffeebohne, wird wieder ausgeschieden. Wenn der wieder nach draußen kommt, hat er einen ganz besonderen Geschmack. Diese Kerne werden gesammelt und hinterher wie normale Kaffeebohnen verarbeitet.

- Von diesem besonderen Kaffee wird nur ganz wenig produziert: nur wenige Hundert Kilo pro Jahr.

- Aber falls dir das noch nicht verrückt genug ist, halte Ausschau nach dem Kaffee von wilden Luwaks in Vietnam. Der kann mal eben 2500 Euro pro Kilo kosten. Und das ist wirklich teuer für ein Tässchen … Katzenkacke.

86 DYNAMIT STECKT VOLLER ERDNÜSSE

Nein, du braucht keine Angst zu haben, dass dir eine Erdnuss beim Reinbeißen im Mund explodiert. Aber es stimmt trotzdem, dass Dynamit Erdnüsse enthält.

Wie alle anderen Nüsse sind Erdnüsse ölhaltig. Das aus Erdnüssen gepresste Öl kann man zum Kochen, aber auch zur Herstellung von Glyzerin verwenden, dem wichtigsten Bestandteil von Nitroglyzerin. »Aha!«, rufen jetzt die Schlaumeier und Schlaumeierinnen unter euch. »Nitroglyzerin. Das hat was mit Explosionen zu tun.«

Das stimmt. Nitroglyzerin ist ein gefährlicher Sprengstoff, der rasend schnell in der Luft explodiert. Für Dynamit wird Nitroglyzerin mit einem anderen Material gemischt, wie zum Beispiel Sägemehl oder Lehm. Dadurch lässt sich Dynamit sicherer handhaben als Nitroglyzerin.

Aber lass dir davon das Schälchen Erdnüsse nicht vermiesen.

87 FRÜHER WAR KETCHUP MEDIZIN

Dr Miles Compound Extract of Tomato – ein vornehm klingender Name, doch es handelt sich dabei um ganz normales Ketchup.

In der ersten Hälfte des 19. Jahrhunderts wurde Ketchup als Medizin verwendet. Laut dem Mann, der es verkaufte, konnte es so gut wie jedes Leiden lindern. Allerdings enthielt die »Medizin« die gleichen Zutaten wie unser heutiges Ketchup – so gesund kann sie also nicht gewesen sein.

Trotzdem ist Ketchup nicht ungesund. Es wird aus Tomaten gemacht, die Lykopin enthalten, einen Stoff, der den Körper gegen allerlei schlimme Krankheiten schützt. Aus den Tomaten selbst kann der Körper diesen Wirkstoff nur schwer aufnehmen. Werden die Tomaten aber erhitzt, gelingt es doch. So liefern Tomatensuppe, Tomatensoße und Ketchup eine leckere Dosis Lykopin.

Mit Coca-Cola fing es ähnlich an. Das Getränk wurde 1866 von dem Apotheker und Arzt John Pemberton erfunden. Schon früher hatte er versucht, Medikamente zu entwickeln, aber niemand wollte sie kaufen. Deshalb überlegte er sich etwas Neues und erfand ein Erfrischungsgetränk. Zwar hatte er auch damit erst keinen Erfolg, doch schließlich brummte das Geschäft. Bis heute ist das Rezept von Coca-Cola ein großes Geheimnis.

Ob Coca-Cola gesund ist? Leider nein, denn sie enthält sehr viel Zucker. Du solltest davon also besser nicht allzu oft trinken.

88 FUGU IST EIN LECKERBISSEN, DER DEN TOD BEDEUTEN KANN

Fugu ist eine japanische Spezialität, die aus Kugelfischen oder Igelfischen zubereitet wird.

- Diese Fische sind extrem giftig. Ihre inneren Organe enthalten einen Stoff namens Tetrodoxin, der hundertmal giftiger ist als Zyankali. Wer das Gift aus Versehen zu sich nimmt, dessen Muskeln erschlaffen. Erst werden Zunge und Lippen taub, bis am Ende der ganze Körper gelähmt ist und man erstickt.

- Trotzdem gilt Fugu in Japan als Delikatesse und wird nur in den allerfeinsten Restaurants serviert. Köchinnen und Köche, die ihn auf ihrer Speisekarte anbieten wollen, müssen erst eine spezielle Ausbildung absolvieren. Sie müssen auch immer den ersten Bissen nehmen, um zu beweisen, dass der Fisch perfekt zubereitet ist.

Noch nicht genug vom Fugu?

- Fugu wird in Japan schon seit über 2300 Jahren gegessen.

- Fugu ist das einzige Gericht, das der Kaiser von Japan nicht essen darf.

- Fugu ist eigentlich gar nicht so besonders lecker. Manche finden, das Fleisch würde eher fade schmecken. Es scheint also mehr um den Kick als um den Geschmack zu gehen.

- Manchmal geht trotzdem etwas schief. In Tokio musste eine Frau nach dem Verzehr von Kugelfisch im Restaurant Fugu Fukuji ins Krankenhaus. Sie wollte unbedingt die Leber des Fisches essen, um ihren Mut zu beweisen. Eigentlich hätte der Koch sich weigern müssen, doch die Frau bekam schließlich ihren Willen. Zum Glück überlebte die Frau die Mutprobe. Der Koch wurde entlassen.

- In Japan wird »Fugu« oft *fuku* ausgesprochen, was »Glück« bedeutet. Einen seltsamen Humor haben sie, diese Japaner!

89 DANK NAPOLEON KANNST DU DIR NUSS-NUGAT-CREME AUFS BROT SCHMIEREN

Isst du morgens auch gern eine Scheibe Brot mit Schokoladencreme? Und magst du besonders die bekannte Marke mit Haselnüssen?

Es ist Napoleon zu verdanken, dass diese Art von Schokocreme erfunden wurde. Weil Napoleon so strenge Importregeln eingeführt hatte, war Schokolade im italienischen Turin im Jahr 1806 sehr teuer. Deshalb vermischten die Menschen dort die Schokoladencreme mit einer Haselnusscreme, die vor Ort hergestellt wurde. Die Creme bekam den Namen *Gianduja*.

90 SEEGURKEN SIND NICHT MIT SALATGURKEN VERWANDT

Klingt doch lecker, so eine Gurke aus dem Meer. Vielleicht etwas salziger als ihre Kollegin vom Land, aber bestimmt köstlich im Salat.

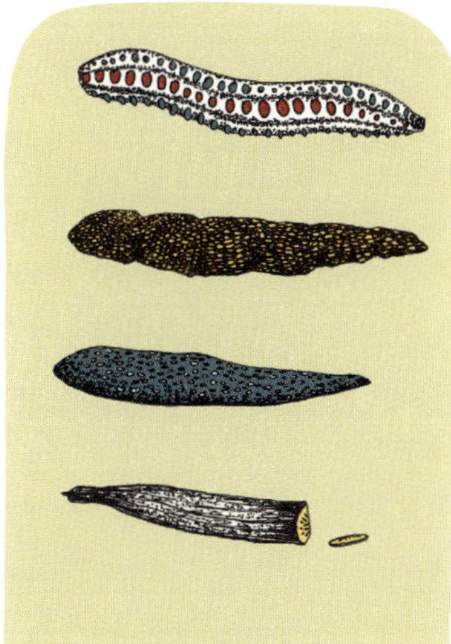

(See)gurke

- Hast du geglaubt, eine Seegurke ist einfach ein Gemüse, das im Meer wächst? Da liegst du falsch. Seegurken sind Tiere, die am Meeresboden kriechen. Sie sehen zwar ein bisschen wie Gurken aus, aber da hören die Gemeinsamkeiten auch schon auf.

- Essbar sind die allerdings auch. Dazu werden die Tentakel und Innereien herausgeschnitten und getrocknet.

- Bevor man eine Portion Seegurke essen kann, muss sie erst in Wasser aufgeweicht und gekocht werden. Das Ganze sieht ziemlich glibberig aus, wie bei einer Qualle.
Es schmeckt auch glibberig – aber lecker!

91 IM MITTELALTER TRANKEN KINDER BIER

Bierkränzchen

Und dafür gab es einen sehr guten Grund!

- Bier war zu der Zeit viel gesünder als Wasser. Die Menschen damals hatten ja keinen praktischen Hahn zu Hause, aus dem immer sauberes Wasser strömte, sondern mussten es von dort holen, wo es herkam. Die Kanäle, die durch die Städte flossen, waren meist sehr stark verschmutzt, weil die Menschen dort Abfälle entsorgten.

Wer bekommt ein Extrabier?

Heute sind es vor allem die Tschechen, die sehr viel Bier trinken: etwa 572 Gläser pro Jahr, das macht knapp elf pro Woche. Deutschland folgt auf Platz zwei.

Sie verrichteten auch ihr kleines und großes Geschäft in den Kanälen, wodurch das Wasser viel zu dreckig zum Trinken wurde. Verschmutztes Trinkwasser war die Ursache vieler Krankheiten und Epidemien.

- Dasselbe Wasser wurde auch zur Bierherstellung benutzt, aber weil die Bierbrauer es erst kochten, starben die krank machenden Bakterien größtenteils. Außerdem tötete der Hopfen, den die Brauer benutzten, einen Teil der schlechten Bakterien ab und machte das Bier länger haltbar. Und weil Hopfen auch bestimmte Vitamine enthält, die man in normalem Wasser vergeblich sucht, gab es die noch dazu.

- Die Leute im Mittelalter tranken bestimmt 300 Liter Bier pro Jahr. Da es aber weniger Alkohol enthielt als unser heutiges Bier, wurden sie davon nicht so schnell betrunken. Für Kinder gab es »Scharrebier«, das noch weniger Alkohol enthielt, aber meist tranken sie einfach bei ihren Eltern mit.

92 IM WELTRAUM WOHNEN RIESEN

Einer davon ist VY Canis Majoris.

- Er ist ein Überriese oder auch Riesenstern. Canis ist gut 1400-mal größer als die Sonne und wiegt ungefähr 20-mal so viel wie sie.

- Wenn man weiß, dass die Erde 109-mal in den Durchmesser der Sonne hineinpasst, begreift man, dass es sich um einen enormen Stern handelt. Wäre Canis Majoris im Zentrum unseres Sonnensystems, würde er bis in die Umlaufbahn von Jupiter hineinreichen.

- VY Canis Majoris ist rot und produziert etwa 500 000-mal (also eine halbe Million Mal) mehr Licht als die Sonne.

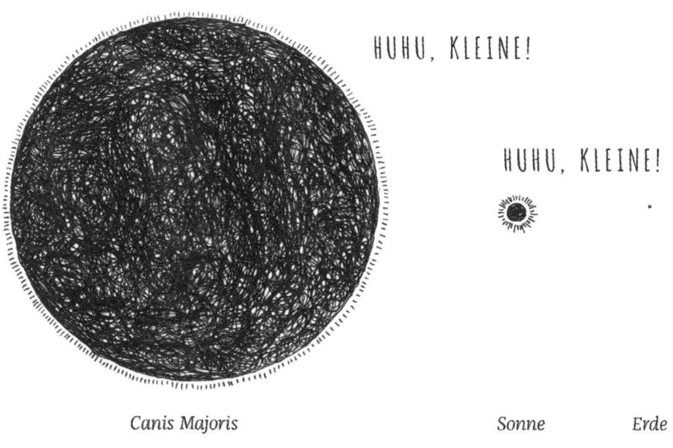

93 EINE STERNSCHNUPPE IST SO KLEIN WIE EIN KIESELSTEIN

Hast du schon mal eine Sternschnuppe gesehen? Das ist ein kurzer Lichtblitz, der sich am dunklen Himmel bewegt und bei dem man sich etwas wünschen kann. Sternschnuppen sieht man am besten, wenn der Nachthimmel wolkenlos und hell ist.

Lustige Info:

Der Urin und der Kot von Astronauten werden im Raumschiff getrennt. Der Kot wird in einem Speichertank aufbewahrt und gefroren, um alle Bakterien abzutöten. Wenn der Tank voll ist, wird er in ein kleines Raumschiff gesteckt und ins All geschossen. Wenn das Raumschiff wie ein Meteor in Atmosphäre verbrennt, entsteht wieder eine Sternschnuppe ... Du kannst also nie sicher sein, ob dein Wunsch eine echte Sternschnuppe oder doch eine Ladung Astronautenkot erreicht.

Eigentlich ist eine Sternschnuppe nichts anderes als ein kieselgroßer Gesteinsbrocken, der mit enormer Geschwindigkeit in die Erdatmosphäre eintritt. Die hohe Geschwindigkeit erzeugt viel Reibung, durch die das Steinchen – oder der Meteor, wie er offiziell heißt – buchstäblich verdampft. Der Meteor knallt dabei gegen Moleküle, die in der Luft herumschweben. Diese zerfallen dadurch in kleine Teilchen, die elektrisch geladen sind. Wenn sie wieder zusammentreffen, entsteht eine Leuchtspur: Fertig ist die Sternschnuppe.

94 STERNE STERBEN

Das tun sie mit einem enormen Knall. Wenn zum Beispiel der Stern VY Canis Majoris den Geist aufgibt (siehe auch Info 92), wird er mit unglaublicher Kraft zerbersten. Bei Sternen mit einer über achtmal so großen Masse wie die der Sonne kommt es zu einer »Supernova«, einer gigantischen Sternenexplosion (unsere Sonne wird also nie auf diese Weise enden, weil sie zu klein ist). Die Materie wird dabei als riesige Staub- und Gaswolke in den Weltraum geblasen. Übrig bleibt eine Art Nebel.

Es kann aber auch sein, dass Canis Majoris in einem schwarzen Loch endet. Die Schwerkraft in solch einem Loch ist so groß, dass alle Masse in einen einzigen Punkt zusammengepresst wird, aus dem noch nicht einmal Licht entkommen kann (siehe auch Info 95).

Das Innere des Kerns eines explodierten Riesensterns nennt man »Neutronenstern«. Den muss man sich als einen glühend heißen Ball vorstellen, etwa so groß wie eine Stadt mit 30 Kilometern Durchmesser. Die Temperatur in einem Neutronenstern beträgt über eine Million Grad Celsius. Ein stecknadelkopfgroßes Bruchstück eines Neutronensterns wiegt mehr als eine Million Tonnen. Damit ist es ungefähr so schwer wie drei große Wolkenkratzer zusammen. Im Weltall haben wir es mit riesigen Zahlen zu tun, die oft unsere Vorstellungskraft übersteigen.

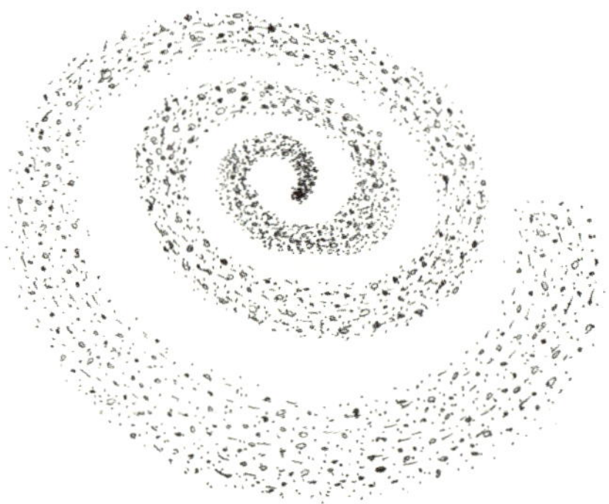

95 SCHWARZE LÖCHER SIND GANZ SCHÖN GRUSELIG

- Unter einem schwarzen Loch versteht man einen Ort im Weltraum, an dem die Schwerkraft so groß ist, dass nichts daraus entkommen kann, noch nicht einmal Licht. Deshalb heißen sie »schwarze« Löcher.

- Ein schwarzes Loch ist kein besonders angenehmer Ort. Alle Materie im Weltall, wie etwa Felsen und Steine, aber auch ganze Sterne, wird mit enormer Kraft hineingesogen, in Richtung der sogenannten »Singularität«. Das ist der Kern oder auch das Zentrum des schwarzen Lochs. Was von einem schwarzen Loch verschluckt wird, kommt nicht mehr heraus und wird vernichtet.

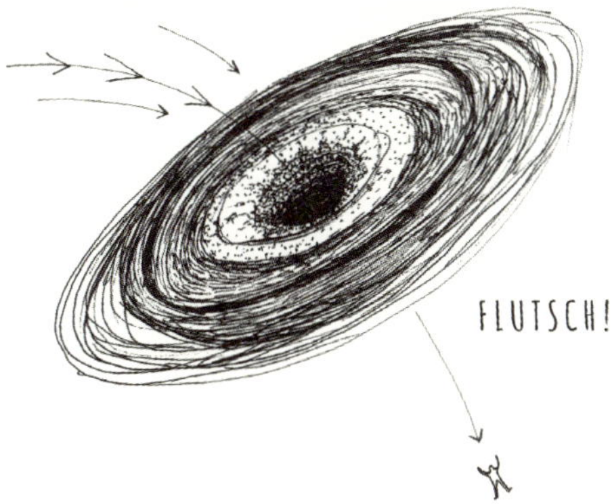

- Allerdings verlieren schwarze Löcher mit dem Alter an Schwerkraft. Wer in einem alten schwarzen Loch landet, hat also vielleicht noch eine Chance, lebend herauszukommen.

- Manche glauben, dass schwarze Löcher Tunnel sind, die zu einem anderen Teil des Weltalls führen. In Filmen sieht man manchmal Raumschiffe durch schwarze Löcher fliegen und so auf fantastischen Raum- und Zeitreisen fremde Welten erkunden. Das ist aber reine Science-Fiction und sehr unwahrscheinlich. Vorerst kennen wir nur einen einzigen Planeten, auf dem wir leben können, und das ist unsere altbekannte Erde.

96 IM WELTALL HERRSCHT TOTENSTILLE

Geräusche bestehen aus Wellen und Schwingungen. Das kann man am besten spüren, wenn man die Hand auf einen Lautsprecher legt. Dann spürst du die Schwingungen. Diese verursachen Schallwellen, die durch die Luft schwingen und deine Ohren erreichen. Dort erklärt dir dein Gehirn, was genau du gerade hörst.

Schallwellen verbreiten sich überall durch die Luft, weshalb du sogar, wenn du ganz still stehst, viele verschiedene Geräusche hören kannst. Sie können auch mühelos durch Wasser dringen und noch einfacher durch Wände. Darum hörst du auch deine Nachbarn so gut, wenn du das Ohr an die Wand drückst.

Im Weltall aber gibt es keine Luft und kein Wasser, und Wände stehen da auch nicht. Weil da nichts ist, was sie befördern kann, können die Schallwellen nirgendwohin. Deshalb kann man im Weltall nichts hören. Es herrscht absolute Totenstille. Das bedeutet auch, dass es beim Urknall keinen Knall gab.

Bei den Nachbarn

Im Weltall

97 IM WELTALL WABERN RIESIGE ALKOHOLWOLKEN

Im Weltraum und sogar in unserer eigenen Milchstraße befinden sich gigantische Wolken, die randvoll mit Alkohol gefüllt sind. Diese Wolken sind unvorstellbar groß, manchmal bis zu 1000-mal so groß wie die Entfernung von der Erde zur Sonne. Ein Teil des Alkohols in den Wolken ist die gleiche Sorte wie die, die man in Wein und Bier findet, nämlich Ethanol. Leider können wir den Alkohol aber hier auf der Erde nicht nutzen, da er daneben zu viele giftige Stoffe enthält.

Die Wolken werden von dem Kometen Lovejoy ausgespuckt. Übersetzt bedeutet der Name »Liebesglück«. An einem guten Tag stößt der Komet jede Sekunde genug Alkohol für gut 500 Flaschen Wein ins All. Hat hier vielleicht jemand Lust auf einen Weltraumcocktail?

98 WISSENSCHAFTLER ERFORSCHEN GERADE, WIE SIE ASTEROIDEN AUS IHRER BAHN WERFEN KÖNNEN

Die Raumfahrtorganisationen NASA und ESA arbeiten gemeinsam daran, den Einschlag eines Asteroiden, auch Kleinplanet oder Planetoid genannt, auf der Erde zu verhindern. Schon der Einschlag eines großen Asteroiden könnte alles Leben auf der Erde ausmerzen. Deswegen wollten NASA und ESA eine Raumsonde mit dem kleinen Mond Dimorphos, der den größeren Asteroiden Didymos umkreist, zusammenprallen lassen. Der Aufprall sollte Dimorphos aus seiner Bahn bringen. Dafür schickten NASA und ESA 2020 erst einmal einen Satelliten los, um Informationen über die Himmelskörper zu sammeln. Ein Jahr später startete dann die

Raumsonde. Sie sollte nach einer Reise von elf Millionen Kilometern mit einer Geschwindigkeit auf Dimorphos stürzen, die ausreicht, um seine Umlaufbahn zu verändern.

Mit dem Projekt wollte man vor allem herausfinden, ob es gelingen kann, einen Planetoiden aus seiner Bahn zu befördern. Mit den dabei gesammelten Daten können Forschende dann überlegen, was zu tun ist, wenn einmal wirklich Gefahr droht.

Am 26. September 2022 traf die Raumsonde schließlich auf Dimorphos. Messungen danach ergaben, dass seine Umlaufbahn sich tatsächlich veränderte: Sie wurde kürzer. Die Mission war ein Erfolg und soll noch weitergeführt werden.

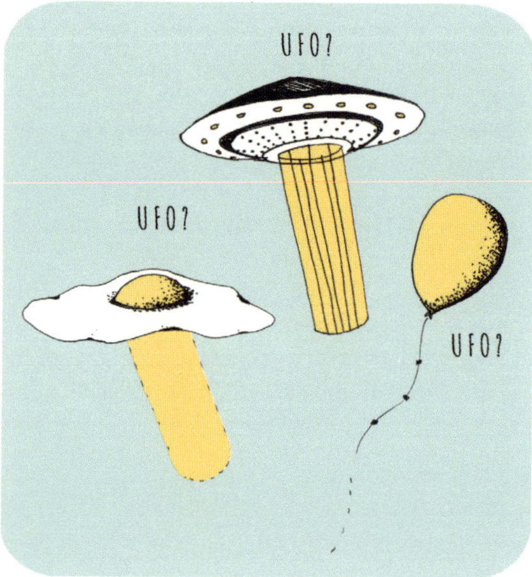

99 WENN MAN WEISS, WAS EIN UFO IST, IST ES KEIN UFO MEHR

UFO steht für »Unbekanntes Flugobjekt«, also ein nicht-identifiziertes fliegendes Objekt. Wenn sich am Himmel etwas bewegt, von dem wir nicht wissen, was es ist, nennen wir es UFO.

- Menschen sehen öfter mal ein UFO. Meistens kann nach einer kurzen Untersuchung geklärt werden, um was es sich handelt: einen Satelliten, einen Meteor, eine Kong-Ming-Laterne, einen Vogel, eine komische Wolke, die Venus, einen Wetterballon, die ISS ... Sie alle werden manchmal für UFOs gehalten. Aber sobald man weiß, was es ist, ist es natürlich kein UFO mehr.

- Die meisten UFO-Sichtungen werden aufgeklärt. Aber es gibt immer noch eine Reihe von Beobachtungen, die noch nicht aufgelöst worden sind. Manche Leute glauben in solchen Fällen, dass wir Besuch aus dem Weltraum bekommen. Für sie ist ein UFO ein Raumschiff mit fremden Wesen an Bord, die vorbeischauen, um zu sehen, was bei uns Menschen so los ist.

- Wir wissen nicht, ob es wirklich außerirdische fliegende Untertassen gibt, die die Erde besuchen. Solange die Aliens sich nicht zu erkennen geben, brauchst du dir da auch keine Sorgen zu machen. Bis dahin bleibt ein UFO einfach das, was es ist: ein Objekt, das durch die Luft schwebt und von dem wir nicht wissen, was es ist.

Die 99 Fakten in diesem Buch stammen aus:
321 superschlaue Dinge, die du unbedingt wissen musst (Hanser, 2018)
Text: Mathilda Masters
Illustrationen: Louize Perdieus
Aus dem Niederländischen von Stefanie Ochel

3. Auflage 2026

ISBN 978-3-446-28148-6

Original title: 321 superslimme dingen die je moet weten voor je 13 wordt.
Translated from the Dutch language.

Vilshofener Straße 10 | 81679 München | info@hanser.de

Umschlag: Stefanie Schelleis, München,
unter der Verwendung von Illustrationen von Louize Perdieus
Satz im Verlag
Druck und Bindung: PNB Print Ltd., Silakrogs
Printed in Latvia